有川真由美
Mayumi Arikawa

「また会いたい」と言われるオトナ女子がしていること

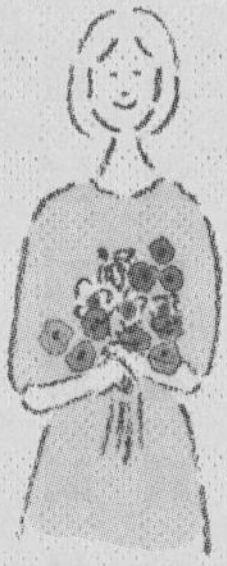

PHP研究所

「オトナ女子」という言葉を聞いて、あなたはだれを思い浮かべますか？

あなたのまわりにも、必ず「オトナ女子」はいるはずです。

その人は、どんな人でしょうか？

●だれに対しても、やさしい人
●自分をもっている人
●お店の人に「ありがとう」と言える人
●自分に似合うものだけを着ている人
●感情に流されず、いつも前向きな人

私はそんな人を思い浮かべます。

顔や服装が大人っぽいということではなく、大人の考え方をし、大人の振る舞いをする人、そして心が温かい人です。

女性でも男性でもみんな、そんな人に「また会いたい」と思うものです。

私は今まで、様々な職場や国内外で、素敵なオトナ女子に出会ってきました。その経験から実感するのは、「また会いたい」と言われるオトナ女子になることは、だれでも可能だということです。

大げさな行動は必要ありません。ちょっとしたことに気を配り、ちょっとした言動を心がけるだけでいいのです。

何よりも素敵な「オトナ女子」になることで、生きやすくなります。

自然といい人間関係がつくれるようになり、いい仕事をして自分の居場所ができていきます。暮らしも笑顔に満ちた心地よいものになるでしょう。

それは、あなたを生き生きと輝かせてくれるはずです。

輝いている人に、みんなまた会いたくなるのです。

さて、この本ではオトナ女子とは対極的な「コドモ女子」についても書いています。

コドモ女子とは、若い女性のことというより、年齢に関係なく、成熟していない子どもっぽい女性のことです。

「いるいる」と思っていただいたり、反面教師としてとらえていただけるとうれしいです。

もしも、あなたが、オトナ女子になるほうがいいと思っているのなら、この本のなかで実践しやすそうなものから、ひとつでも行動に移してみてください。

きっとまわりの反応が変わってきます。

素敵なオトナ女子は、「また会いたい」「一緒にいたい」と思われて、応援してくれる人や、助けてくれる人が現れるのです。

そして、大人の行動をとることで、自分が好きになり、もっと自信がもてるようになるはずです。

また会いたいオトナ女子

第一章 マナー

話し方

第二章 美しくて賢いオトナ女子

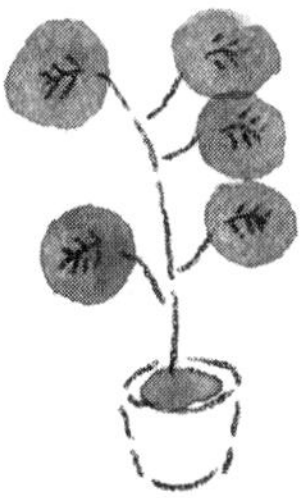

装い

第三章 品格のあるオトナ女子

第四章 できるオトナ女子

働き方

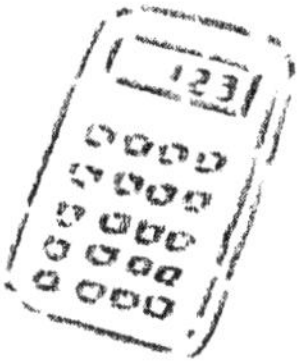

暮らし

第五章 自然体で豊かなオトナ女子

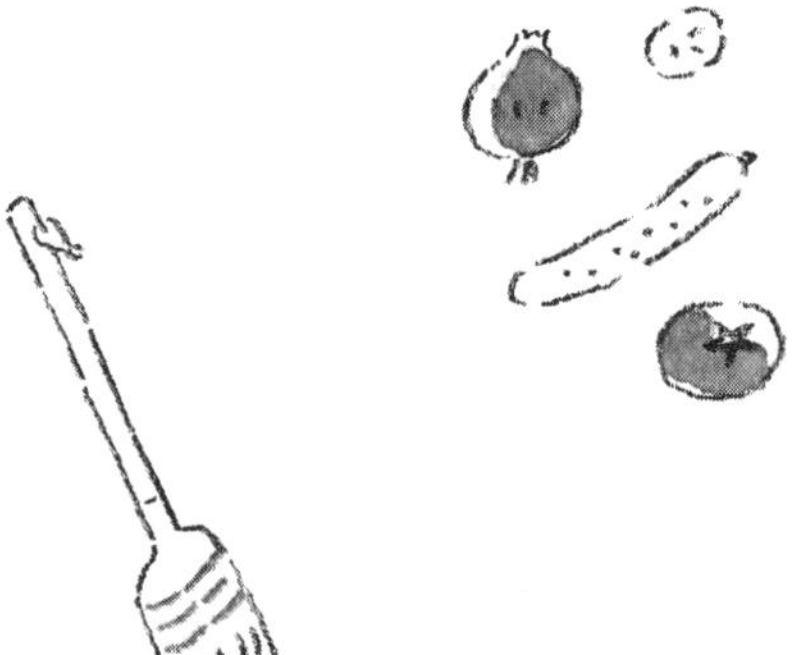

人間関係

第六章 懐の深いオトナ女子

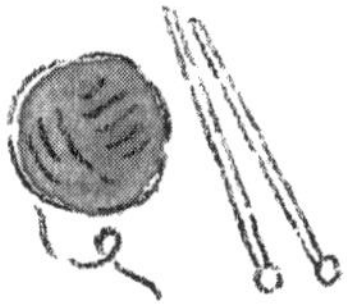

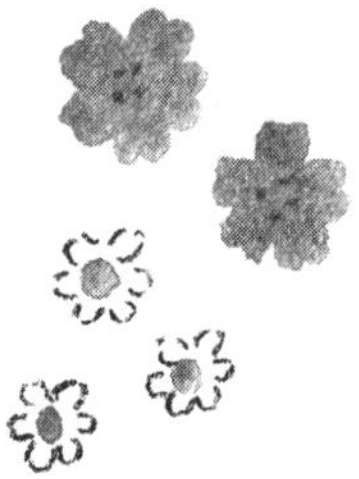

行動

第七章 美意識のあるオトナ女子

生き方

第八章

幸せなオトナ女子

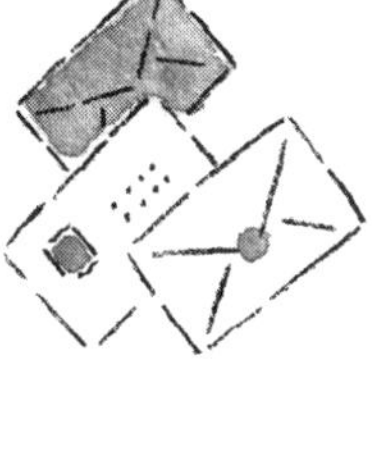

装丁――根本佐知子（梔図案室）
イラスト――みやしたゆみ

第一章

マナー

また会いたいオトナ女子

やさしい人がしていること

あいさつするときは、相手に体ごと向ける

私がときどき訪ねる会社があります。そこに行くと「いつも気持ちがいい」と思うのは、社員のTさんの対応です。

「こんにちは～」と入っていくと、すぐに立ち上がって私のほうを向いて、「いらっしゃいませ。有川さん、お待ちしていました」と笑顔で応えてくれるのです。

それだけのことなのにTさんのことが好きになり、その会社のことも好きになります。

単純に、人は丁寧なあいさつをされると「大切にされている」と感じるものです。反対に、雑にあいさつされると「軽視されている」と感じます。

マナーとは、決まりきったルールや、形だけの「お作法」のことではありません。

マナーとは、「やさしさ」です。

私たちが「あの人に、また会いたい」と思うのは、賢いからでも絶世の美女だからでも

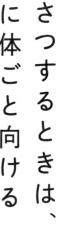

ありません。いちばん会いたいと思う人は、「やさしい人」です。

「この人は、私を認めてくれる。ぜったい私の味方になってくれる」というやさしい人、温かい人に、また会いたいと思うものなのです。

　この本で、最初にあいさつのことを取り上げたのは、あいさつにこそ「マナーの本質」があると思うから。そのことを理解しているオトナ女子のあいさつは、丁寧でやさしさが感じられます。

①体ごと向けて、相手の顔を見る
②微笑《ほほえ》みをプラスする
③名前を入れる

丁寧なあいさつのポイントは、たった三つだけ。これができるだけで、あいさつに心がこもります。やさしい人だということがわかります。丁寧にあいさつができるオトナ女子は、年上からかわいがられ、年下からも慕われます。何より丁寧にあいさつすると、自分が温かい気持ちになってきます。相手のことを大切に思えてきます。

　それがいちばんの恩恵なのかもしれません。

マナーに大切なのは、人間的な温かみを感じてもらうことです

訪問先での思いやり

出されたお茶は、すぐに飲む

訪問先でお茶を出されたとき、どのタイミングで飲んだらいいのか、迷う人もいるのではないでしょうか？　相手から「どうぞ」とすすめられないまま、飲むタイミングを逃《のが》して、最後まで口をつけなかった、ということもあるかもしれません。

でも、温かいお茶やコーヒーは温かいうち、冷たいものは冷たいうちに飲むのが、もてなしてくれた相手へのマナーというもの。お茶を出す側は、客人に少しでもおいしいお茶を飲んでほしいと、温度にまでこだわります。茶器を温めたり、濃さに細心の注意を払ったりする人もいるでしょう。いちばんおいしいと感じるのは、淹《い》れたてのお茶なのです。

お茶を促されなくても、「ありがとうございます。せっかくなので、温かいうちにいただきます」と言って口をつけてくれると、出したほうはうれしいもの。**「この人は、ちゃんと気を遣ってくれる人だ」**と思います。

お茶は一度で飲み干す必要はありません。最初に一口つけて、あとは「自分が話し終わったら一口」「話が途切れたら一口」というように状況に合わせて飲むといいでしょう。間違っても相手が重要な話をしているときには、口をつけないでください。お茶はリラックスするためにあるものですから。

マナーとは、相手の心情を思いやる「想像力」。「このために相手はどれだけの労を払ったのか？」「どう応えたら喜ぶのか？」と察することのできる人がオトナ女子です。

私たちにとって**「自分をわかってくれる」という快感ほどうれしいものはありません。**コミュニケーションもスムーズで「友だちになりたい」「一緒に仕事をしたい」と思います。

反対に、出したお茶に目すら向けない人、職場で配られたお菓子をデスクに放置したままの人、家族や友人でも感謝や労《ねぎら》いがない人などの想像力が欠如しているコドモ女子に、まわりは「わかってくれない」と不安、不満を感じてしまうのです。

「想像力」は、すぐに鍛えられるものではありませんが、まずは相手のやってくれたことに対して「ありがとうございます」ときちんと声に出してください。自然に想像力はわいてきます。少なくとも嫌な思いをさせるような行為には至らないはずです。

マナーとは、相手の立場になって考える「想像力」です

いいお客さんになろう

お店の人に「ありがとう」と言う

レストランやデパート、美容室など接客業に携《たずさ》わる人たちに「いいお客様とは？」と尋ねると、「上品で素敵な大人の女性」「何かしたことに対してお礼を言ってくれる人」「わからないことは素直に訊《き》いてくれる人」などと返ってきます。

「お金をもっている人」という答えはほとんどありません。

お金持ちであることをチラつかせたら、表面的には「すごいですね」などとお世辞を言ってくれるでしょうが、逆に「いいカモ」として扱われるだけでしょう。

接客する人たちは基本的に、「お客様に何かしてあげたい」「満足してほしい」と思っています。だから、彼らが求めている「いいお客様」とは、店内でマナーを守り、提供する商品やサービスを喜んでくれる「行儀のいいお客様」なのです。そんな〝上客〟のオトナ女子には接客しがいもあり、「また来てほしい」と思うもの。店の格も上がります。

たとえば、あなたがレストランで、料理を運んできた店員に姿勢を正して「ありがとう」とにっこり微笑むと、かなり高い確率で微笑み返してくれます。
「ここのカレーは絶品ですね」などとほめると、「気に入ってもらえてうれしいです。ルウは何日もかけて手作りしているんですよ」と喜んで教えてくれます。
「○○さんの接客はいつも気持ちがいいですね」と名前を覚えて呼ぶと、「△△さんにほめられると元気が出ます」とこちらの名前も覚えてくれます。予約時にいい席をとってくれることもあるでしょう。

自分がしてほしいことをやり、してほしくないことをやらないように心がけるだけで、対応はまったく変わってきます。

店と客の間に上下関係があるわけではなく、お金とその対価を交換する対等な関係なのです。「こちらは客なのだから、多少のワガママは許されるだろう」という態度で振る舞ったり、同行者と「これ、高いー！」などと言いたい放題のコドモ女子は、当然、歓迎されない客として扱われるようになるでしょう。私たちが店を評価するように、店側も客をつぶさに観察し、格付けしていることを忘れないでください。

「いいサービス」を受けたいなら、「いい客」であることです

食べ残さない

「食事を残す女性って、キライなんですよね」

20代30代の男性たちとの席でだれかがそう言うと、男性全員が「そうそう。むしろバクバクとたくさん食べてくれたほうが気持ちいい！」と同意したことがありました。

女性からすると、「男なみに完食しては、かわいくないのでは？」「ガッついているようでみっともないのでは？」と思うかもしれませんが、その心配はいりません。

男性は「どれだけの量を食べるか？」ではなく、「きれいに食べるか？」「おいしそうに食べるか？」といった食事におけるマナーのほうが気になるのです。

どんなにきれいな化粧や服装をしていても、料理をたくさん注文して平然と残したり、食べ散らかしたりするコドモ女子は、「食べ物を粗末にする人だ」「つくってくれた人やご馳走してくれる人への気遣いがない人だ」と幻滅されてしまうでしょう。

何より「食べ物そのものに対する感謝を教えられてこなかったのか？」と育ちの悪さや教養のなさを感じて、幼稚に見えてしまうはずです。**マナーとは、「私はこの程度の知性です」と内面の知的レベルを示す〝名刺〟のようなものなのです。**

といっても、実際は「量や種類が多すぎて食べきれない」ということもあるでしょう。そのときは「食べ残さないのがマナー」を念頭に、ちいさな心遣いをすればいいのです。

まずは、注文時に自分には多すぎると感じたら、「ご飯は少なめにしてください」「コースのパスタはとばしてください」などと伝えるのがエレガントなオトナ女子の振る舞い。ほとんどの店で快く応じてくれます。

また予想外に残ってしまった場合は、お持ち帰りができるかどうか聞いてみましょう。持ち帰るのは恥ずかしいことではなく、食べ物を粗末にするほうが恥ずかしいことです。

また中途半端に残ったり、持ち帰れない場合は、せめて見た目がきれいになるよう残しましょう。端に寄せるだけでも、「残しちゃってごめんなさい」という誠意を示せます。

丹精込めてつくる料理人は「どうして食べ残すのか？」と気になるもの。「本当においしいんですけれど、もうお腹《なか》いっぱいで……」など理由を伝えるのもマナーの一つです。

マナーは「大人レベル」を示す、見えない〝名刺〟です

恥をかく前に

テーブルマナーを知っておく

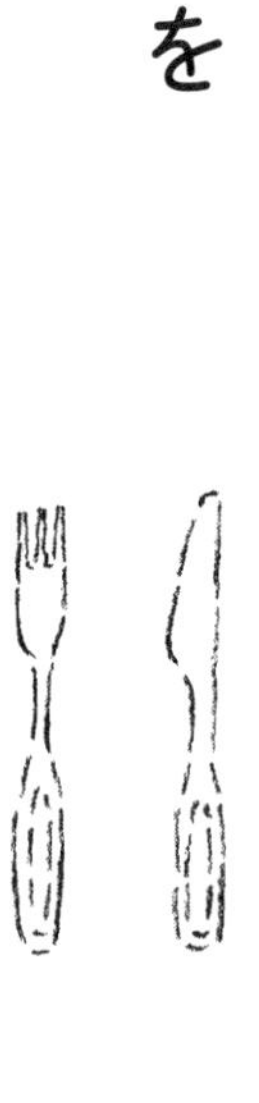

私は社会人になるまで、食事の作法を細かく教えられたわけではありませんでした。父から厳しく躾《しつ》けられたのは、「肘《ひじ》をついて食べてはいけない」「箸をもっていない手をだらんとしてはいけない」といった基本中の基本ぐらいでしょうか。

接待やおつき合いでそれなりのお店に行くようになって実感したのは、「育ちのいい女子は共通して食事のマナーを叩きこまれている」「マナーができていないと恥をかく」ということ。そこで、必死にマナー本を読んだり、できている人を真似たりしたものです。

マナーとは、知らないうちは気にならなくても、できるようになると他人のマナーが気になるのが常。電車でお化粧をするのも、脚を開いて座るのも、同じようにやっている人は気にならないでしょうが、紳士淑女はあきれているかもしれません。

食事のマナーも同じで、マナーを知らない人は平然と過ごし、マナーを知っている人は

「ちょっと気になるけれど……」と思いつつ、食事を楽しめなくなってしまいます。

オトナ女子として**食事のマナーを身につけたほうがいいのは、自分が恥をかくというより、相手にそんな余計な気を遣わせないためです。**

また、マナーを実践するようになると、それぞれのマナーに意味があることがわかります。たとえば、刺身のワサビは、醤油に溶かすのではなく、刺身の上にのせるのがマナーですが、これはワサビの風味を味わうため、醤油皿をきれいに保つためという理由があります。

また、醤油がこぼれないようにと手を受け皿のようにするのは、一見女性らしいしぐさに見えるものの、じつはマナー違反。「私、食べるのが下手なんで」と表明しているようなものですし、見た目にもよくありません。醤油皿や小皿をもって添えればいいのです。

和洋食のちょっとしたテーブルマナーを知っていれば、いざというときに慌てず、食事やおしゃべりをスマートに楽しむことができます。マナーを知っている人には伝わり、「礼儀作法が身についている」「だれに紹介しても恥ずかしくない」などと信頼されて、ご縁やチャンスが広がるかもしれません。基本的なマナーは押さえておきましょう。


☞相手に心地よく過ごしてもらうため、大人はテーブルマナーが必須です

訪問するとき

靴は正面に向かって脱ぐ

地方の家を訪問したとき、ご年配の方々が玄関で正座をして「いらっしゃいませ」と対応してくれる姿に感動したことがあります。かつての日本人は、正座をすることで来客や家族に敬意を示していたのだと。

マンションなどで玄関の段差がなくなり、洋間が増えた現代では、立ったままの挨拶が主流ですが、和風家屋では正座で挨拶するのが礼儀。日本の礼儀は、正座から始まります。

正座には相手に「ひれ伏す」「かしこまる」といった意味がこめられています。自国の風習を知っていることは、大切にされてきた心構えを受け継ぐことになります。世界で日本人女性が評価されているのも、こうした謙虚さ、細やかな心遣いによるものでしょう。次のマナーを実践するだけで周囲からも「さすがオトナ女子」と株が上がるはずです。

＊靴は正面に向かって脱ぐ　靴を履くときに便利なように、後ろ向きになって脱ぐ人も

いますが、迎える人にお尻を向けることになって失礼です。前向きで靴を脱いで、いったん上がり、そのあと、やや斜めになってひざまずき、そろえるといいでしょう。

＊襖や障子は座って開け閉めする

和室では、立ったまま開けたり、後ろ手で閉めたりするのはＮＧ。膝をついて戸を開け、立ち上がって出入りし、再び膝をついて戸を閉めます。洋室であっても、ドアのほうを向いて開け閉めするのが基本です。

＊敷居、畳の縁を踏まずにまたぐ

古来、空間を分ける境界線を重要視する伝統的な考え方がありました。現実的には、畳の縁は絹などの繊細な布が使われているので傷めないため、敷居は埃《ほこり》がたまりやすいので撒《ま》き散らさないためとの配慮もあります。

＊自分から上座に座らない

和室では床《とこ》の間の真正面に当たる場所が「上座」、洋室では出入り口から遠い席ほど「上座」、近い席ほど「下座」になります。自分からは上座に座らずいったん下座で待ち、「どうぞ」と促されてから着席するようにしましょう。

＊バッグをテーブルの上に置くのはＮＧ

テーブルは基本的に飲み物や食べ物を置く場所です。失礼にあたりますし、衛生的にもよくありません。バッグなど大きめの荷物は自分の足元か、小さな荷物は自分の体の横、または膝の上に置いてください。

訪問マナーは、日本文化から学びましょう

来たときよりも
美しく

洗面台の、水滴をふき取る

コンパニオンのリーダーをしていたころ、洗面台の使い方を口酸っぱく注意したものです。女性スタッフたちが髪を整えたり、化粧直しをしたりするために、抜け毛が散乱、水が飛び散っているのにそのまま……という状態がこれまた多いこと。鏡を見て自分はきれいにしても、洗面台やトイレはチェックしていないのでしょう。

「トイレをきれいに掃除したら、すっごく気持ちがいいし、美人になれるのよ」

「成功している社長や芸能人の多くは、トイレ掃除をして運気が上がったって話よ」

私は、トイレで手を洗ったあとはかならず、せっせと雑巾やティッシュでシンクまわりの水滴をふき取る姿を見せつつ、そんなふうに言って聞かせたのでした。が、これはマナーの教え方としては間違っていたと、いまさらながら反省するのです。

単純に**「あとから来た人が少しでも心地よいようにしましょう」**というのがマナーの目

的。自分が「気持ちがいい」「美人になる」「成功できる」というのは、あとから本人が「そういえば……」と実感するもので、そもそもの目的ではないのです。

「来たときよりも美しく」とは遠足の決まり文句ですが、トイレのマナーでもそれがいえます。だれもが「使ったものは、使う前よりもきれいにして返そう」という精神でいたら、みんなで使う場所を気持ちよくシェアし続けることができるでしょう。会社のオフィスや休憩室、ゴミ捨て場、公園、学校、道路……みんなで使う場所は限りなくあります。

「来たときよりも美しく」の〝とき〟とは、〝時代〟という考え方もあります。

私たちが生まれてきた時代よりも、何か一つでも良くして去っていく……それが大人のマナーというもの。私たちがあたりまえに生活できているのは、前に生きていた見知らぬだれかの「いまいる場所を少しでも良くしよう」という力があったからです。

「過去からもらっている恩恵に気づかない」「いま、自分さえよければいい」と考えて行動するのは、コドモ女子の振る舞い。「過去から受け取ったものに感謝。プラスαのお返しをして去っていく」のがオトナ女子の振る舞いです。

まずは、トイレで手を洗ったあと、少しでもきれいにして去りませんか？


☞過去から受け取ったものよりも「プラスα」のお返しをする

相手の時間を大切に

「いただく時間」を伝える

かつて営業の仕事をしていたとき、ベテランの営業ウーマンからキツく教えられたのは、「時間をしっかり守ること」。といっても「面談の5分前に行きましょう」といったことではありません。それはあたりまえで、さらに気をつけるべきは、事前に「○分ほど、お時間をください」と伝えて、その時間をオーバーしないようにすることです。

話に熱中すると、ついつい時間を忘れてしまうもの。30分のつもりだったのに、あっという間に1時間を超えていた、ということが多々あるものです。つまり、「スタートの時間」だけでなく、「終わる時間」を意識することが大事なのです。

いまの時代、相手が大企業の社長であろうと、主婦パートであろうと、だれもが時間に追われるように生きています。そんななか、自分の話をだらだらとされるのは、たいへん迷惑。時間を奪う「時間泥棒」と認定されて、一回で出入り禁止になるでしょう。

最初に「○分ほど」と伝えると、相手は「それなら時間がとれそうだ」と予定が立てられます。また、どんなに話が盛り上がっていても、その時間内に切り上げるだけで、「こちらの時間を大切に考えてくれる人だ」と安心されます。**時間の価値をしっかりと意識してつき合ってくれるオトナ女子は、大きな信頼を得て、会ってもらいやすくなるのです。**

これは営業だけでなく、社内で上司や同僚に話をするとき、知人に用事があって電話をするときなども同じ。まず「いま、○分ほどいいですか？」と確認するのは、オトナ女子としての大切なマナー。いきなりしゃべり始めて、相手の時間にずかずかと入りこむのは、コドモ女子の行為です。相手の貴重な時間をムダにしてはいけないのです。

時間内に話を済ませるコツは二つ。まずは、**結論から話すこと。**ときには雑談も必要ですが、長くなると、「で、用件は？」と相手をイライラさせてしまいます。結論を先に言っておけば、あとは余裕をもって話せるでしょう。

二つ目は、**たとえ5分程度の会話でも事前準備を怠《おこた》らないこと。**会話をシミュレーションして、相手の知りたいことや疑問などを箇条書きにメモして伝えるだけでも、話は短くなります。ベテランになるほど油断して準備をしなくなりがちなのでご注意を。

☞相手の時間を奪うことに敏感になる

個人情報を守る

無断でＳＮＳに写真をのせない

「写真、一緒にいいですか？」と軽く訊かれてツーショットを撮ったあと、勝手にフェイスブックやインスタグラムなどのＳＮＳにアップされて、「え？　それは聞いてない」「しかも最悪の写り……」などと困惑した経験は、多くの人があるのではないでしょうか。

これは私が実感するところですが、頻繁に更新し、ＳＮＳ慣れしている人にかぎって「勝手に……」という残念なことがあるのです（もちろん、すべてではありません）。

撮影時に「これって、ＳＮＳにアップしないですよね？」とも訊きづらく、投稿されてしまったら「削除して」とクレームも入れづらい。そんな女子に対して、かつては「まぁ、しょうがないか……」と、渋々あきらめたこともありましたっけ。

写真をアップする人の気持ちはわからなくもありません。「見て、見て！」と友だちに伝えるような無邪気な気持ちや、「写真を撮らせてくれたから、ＳＮＳもいいだろう」という甘い考えがあるのでしょう。なかには飲み会などの集合写真をなんのためらいもなく投稿したり、知り合いの子どもの写真を「このかわいさ、たまりません！」などと書いて勝手に投稿したりする人もいます。つまりは、〝軽い気持ち〟なのです。

しかし、**「写真の許可」と「ＳＮＳへの投稿」はまったく別もの。ＳＮＳは〝世界中〟に拡散されるだけでなく、あとで削除しても〝永遠〟に残る可能性大。**

不特定多数が見るＳＮＳで、他人の顔写真を無断でアップするコドモ女子は、それがどれだけ非常識でリスクの高い行為かわかっていないのでしょう。子どもへの犯罪があとを絶たないなか、「子どもの顔写真だけはやめてほしい」という親もいます。

最悪のことを想定して、責任のとれる範囲で行動するのが、オトナ女子としての振る舞い。ＳＮＳの影響の大きさを考えると、センシティブにならざるを得ないでしょう。

写真を投稿するときはまず相手に「ＳＮＳにアップしてもいいですか？」と訊いたうえで、「これでいいですか？」と画像を確認してもらうのがマナー。確認していない写真は、スタンプやボカシで顔が見えないように配慮しましょう。ＳＮＳは手軽に情報発信、情報交換できる画期的なツールなので、マナーを守って賢く利用したいものです。

☞個人情報の取り扱いは慎重に

マナーを強要しない

ちょっと前にネットで「舌打ち問題」という論争が勃発しました。新幹線のなかで泣いている子どもに舌打ちした人に対して、ある一般人の方が、「そういう人は公共の交通機関に乗らず、車で移動すべき」とツイート。それに有名実業家が「舌打ちぐらい、いいじゃん」と乗っかってリツイート。「ちいさな子どもを連れて新幹線に乗り、泣いても悪びれない親が悪いのか？」「舌打ちする人が悪いのか？」という議論に発展したのでした。

これは善悪やマナーの問題というより「どちらも思いやりが足りないこと」が原因でしょう。「相手はどんな気持ちか？」という想像力が少々足りないのです。

私は飛行機でとなりに座った若いママから「子どもが泣いてご迷惑をかけたら申し訳ありません」というカードと、手作りのクッキーをもらったことがあります。温かい心遣いが伝わると、「気にしないで！　子どもは泣くのが仕事ですから」となるわけです。

海外では電車やバスで子どもが泣いても、親は平然としています。まわりの人はそんな様子を「まぁ、元気な泣き声だこと！」と楽しんでさえいます。そもそも携帯電話で話すことや、大声で笑うことにも寛容なので、さほど気にならないのでしょう。

日本では「公共の交通機関では静かに」がマナーですが、それができないからといって、相手にイライラした表情を見せたり、強要したりしては大人度が下がります。心ではイラっとしても、寛大に振る舞うのが大人というもの。マナーは目的ではなく心地よく過ごすための手段で、臨機応変でいいのです。挨拶するのも、おもてなしをするのも、「マナーが間違っている」と堅苦しいことを言っていたら、その場は楽しくなくなるはずです。

ただし、明らかに迷惑になる行為もスルーしたり、我慢したりする風潮も危険だと感じるのです。小学生ぐらいの子どもたちが騒いでいたら「ちょっと静かにしてもらえる？」と本人やその親に頼んでもいいでしょう。公共の場でのマナーを知ってもらうためにも。

相手のマナーに寛大になるのも大人。言うべきことをちゃんと伝えてあげるのも大人。

オトナ女子は自分のことだけでなく、「お互いにとっていいことは？」と相手を思いやる気持ちをもって判断できるはずです。

マナーは臨機応変に

つき合い
やすい人

「ちょうどよかった」を口グセにする

私はよく、待ち合わせの場所を書店にします。

これだと相手から「ごめーん。仕事が長引いて30分遅れる」と遅刻の連絡が入っても、「ちょうどよかった。いま読みたかった本が見つかったところ」などと言えるからです。

「ちょうどよかった」と言われると、相手もいくらかほっとするもの。罪悪感が少しだけ薄れて、「この人とはつき合いやすい」と感じてもらえるはずです。

すでに自分が悪いと思っている人に対して、こちらがイライラして不愉快になったり、「結構待ったけど」なんて嫌味を言ったりするのは、コドモ女子の言動。**「ちょうどよかった」は、相手を安心させるオトナ女子のマナーであり、〝やさしさ〟なのです。**

仕事でミスをして落ちこんでいる人に「ちょうどよかった。いま改善点が見つかって」。

ランチに案内されたお店に軽食しかなかったときは「ちょうどよかった。いま、ダイエッ

ト中だから」……。「ちょうどよかった」には、ほかにもこんな効果があります。

会社の同僚に休憩時、「コーヒーでも飲みますか?」と聞かれたとします。「いいですよ」よりも、「ちょうどよかった。私もいまコーヒーを飲みたいと思っていました」と同調すると、この人とはなんとなく波長が合うと思ってもらえるのではないでしょうか。

電話したときに「ちょうどよかった。私も話したいと思っていたところ」、仕事のサポートをお願いしたときに「ちょうどよかった。いま手が空いたところ」など、「ちょうどよかった」は、相手との波長を合わせて、距離を縮めてくれるのです。

私は、相手がいなくても、一人でよく「ちょうどよかった」とつぶやくクセがあります。思うようにいかなかったこと、想定外の雨になったこと、病気になったことに対しても。

そうすると、しゃんと背筋が伸びて、「ちょうどいい」理由しか考えつかなくなります。まるでオセロの色がパタパタとバラ色に変わるように、人生で起きる出来事は、ポジティブなことも、ネガティブなことも、つねに「ちょうどいいベストなタイミング」だと思えて、明るい気分になってきます。

「ちょうどよかった」は、ご機嫌に生きていくオトナ女子のプライドでもあるのです。

☞ご機嫌を保つことは、オトナ女子のプライドです

相手が喜ぶ
プレゼント

贈り物は、相手の生活スタイルを考慮して

ときどき「この人は女子力が高い！」と思う贈り物をいただくことがあります。

そんな誕生日プレゼントや結婚祝い、餞別《せんべつ》、手土産などに共通しているのは、適当ではなく、「自分のためにちゃんと選んでくれたのだ」と思えることです。

先日、引っ越し祝いに友人から「新しい部屋に飾って」ともらったのは、ちいさな風景画。海外の蚤《のみ》の市で買ったというデッサン画を、上品に額装したもので、部屋にぴったり。私の好みや、インテリアの雰囲気などをよく知る友人だからできた贈り物ですが、スペシャル感があって、涙が出るほどうれしかったのです。

逆に残念な贈り物は、趣味に合わないアクセサリーや置物、賞味期限の短い大量の食品など。生活スタイルや趣味を考慮せず、「自分があげたいもの」を選んでいるので、「プレゼントしてくれる気持ちはありがたいけれど……」となってしまうわけです。

オトナ女子の贈り物のポイントは「わざわざ自分では買わないけれど、もらったらちょっとうれしい」ものを選ぶことです。次の三つの線から考えてみてください。

❶ 相手の生活スタイルから、普段よりちょっと上質なものを

お茶を飲む習慣がある人なら上質な紅茶を少量。健康に気を遣っている人なら、無農薬、無添加のジャムを。香りのいいハンドクリーム、デザインのきれいなハンカチ、書きやすいと評判のボールペンなど普段使いができるものなら、いただくほうも活用しやすいでしょう。

❷ 手土産はちょっとしたエピソードつきで

「このお菓子は、1カ月の季節限定品なんです」「俳優の○○さんもテレビでおすすめしていました」「参勤交代のときに献上された銘菓です」など、ちょっとした〝押しポイント〟を語ると、印象的な手土産になります。

❸ 普段の会話をヒントに、パーソナリティを探って

「最近、山登りに凝《こ》っていて」「あのブランドが好きで」「今年のラッキーカラーはグリーン」など、なにげない会話に出てきたキーワードから選ぶと、「あの話、覚えていてくれたんだ」と感動してくれます。ヒントがないときは、さりげなく「最近、凝っているものは?」など探りを入れて。「これは贈り物によさそう!」というものを見つけたらメモしておくのもおすすめです。

「自分では買わないけれど、もらったらちょっとうれしい」ものを選ぶ

好かれる人の共通点

ちいさなことでも「感謝」を伝える

仕事や家庭や人間関係がうまくいっているオトナ女子を観察すると、決まって「ありがとう」「ありがとうございます」と、感謝の言葉を繰り返しています。何かしてもらったときはもちろん、配送業者や清掃の方、社員食堂で働く方に対しても。

「ありがとう」は「あなたのやってくれたことは、私にとって価値のあることです」と表明する最上級のほめ言葉であり、マナー。繰り返すほど人間関係の潤滑油《じゅんかつゆ》になって、さらに価値あるもの、必要なものが集まってきます。それはもう魔法の呪文のように。

私は幼いころ、子守りのおばあさんに「ありがとうを言えない子は、おやつをあげません！」と厳しく躾けられましたが、単にマナーということではなく、「してもらうことを、あたりまえだと思ってはいけません」という人間関係の基本を教えてくれたのでしょう。

大人になって人のために何かをする経験が増えてくると、相手への想像力が働くようになってきます。たとえば、同僚に仕事を手伝ってもらったとき、「これは手間がかかっただろう」「自分の仕事もあったはずなのに」と相手の苦労を察して、それが自然に「ありがとう」という言葉になります。「ありがとう」は経験と教養がある大人の証《あかし》なのです。

しかし、いい大人でもちゃんと「ありがとう」を言えないコドモ女子がなんと多いことか……。「同僚が助けるのは当然」「上司がご馳走するのはあたりまえ」「彼氏なら普通〜してくれる」と相手の気持ちに鈍感な人は、感謝の気持ちをもてないでしょう。

「ありがとう」を言えないのは精神的な〝お子さま〟であり、恥ずかしいことです。

オトナ女子は、**日常のちいさなこと、一見あたりまえのことに感謝を伝えます。**

エレベーターのボタンを押してもらったとき、書類を手渡されたとき、スーパーでレジ袋に商品を入れてもらったときなど、ちょっとしたことに。

また、あたりまえの日常のなかに数限りなく「ありがとう」の〝種〟はあるものです。

家族や友人が心配してくれたとき、応援してくれたときなど、言いすぎるということはないので、面倒くさがらず、照れずに、どんどん口に出しましょう。

感謝の気持ちをもつだけで人は幸せになれるし、まわりの人も幸せにできるのです。

「ありがとう」は、経験や教養が豊かで、心遣いができる大人の証です

何を食べたい？と聞かれたら

「なんでもいいです」と言わない

女子会やデート、仕事関係者とのランチなど「何を食べたい？」と訊かれたとき、ハッキリと答えるべきか、いっそ任せたほうがいいのかと悩む人も多いのではないでしょうか。

私も年齢を重ねて、「何を食べたい？」と訊かれるより、自分が訊くことが多くなってきましたが、いちばん困るのは「なんでもいいです」という答えです。「私はなんでも構いませんよ」と遠慮して言っているのでしょうが、丸投げで返されても、何をどう選んでいいか、本当に相手に喜んでもらえるのかと考えて、選択の負担が増えるというもの。

また逆に、「私、お寿司が食べたい気分なんですよね」とピンポイントで主張されて、「適当なお寿司屋さんがないなぁ」ということもあります。

「何を食べたい？」はシンプルなようで、じつは奥深い質問。スマートに返すコツは、「相手にゆだねすぎず、自己中心になりすぎず」のバランスをとることです。

相手の好みや値段、ＴＰＯなどを配慮しつつ、「私は和食か中華がいいんですけれど、○○さんはどうですか？」「魚か肉だったら、肉系かな」など、**自分の意見を織り交ぜながら、最終的には相手を〝たてる〟提案をするといいでしょう。**

親しい関係であれば、具体的な店名や料理をいくつかあげて「どれがいい？」と選んでもらうのもありですし、初めての食事なら「魚介類以外ならなんでも」「よく行っている居酒屋に連れていってください」など、相手にゆだねる幅を広げるのもあり。

オトナ女子は、自分の意見をもちつつも、相手によってそれを出す具合が絶妙で、いわゆる〝慎ましさ〟を感じる人です。単に相手にゆだねてばかりの人には、〝慎ましさ〟は感じません。「自分がない」「依存心が強い」と思われるだけでしょう。

また昨今は自分の考えをどんどんアピールすることが重要といわれますが、自分のことばかりで前のめりになった人からは、〝慎ましさ〟ではなく、〝図々しさ〟を感じます。〝慎ましさ〟は、けっしてなくしてはいけないオトナ女子の美徳であり、マナーなのです。

心のなかで少しだけ引いて、冷静に状況を見つめられる女性が、男性からも女性からもモテるのではないでしょうか。

「相手をたてる」「慎ましい」は、日本人最強のＤＮＡです

第二章

話し方

美しくて賢いオトナ女子

上品に話すコツ

甲高い声を出さない

「日本の女性は、どうして大人になっても、『きゃー』『やだーっ』『かわいい～』って甲高い声を出すの？」と、南米出身の女性に真顔で訊《き》かれたことがあります。

彼女は日本に来て、それなりの年齢の女性が電車のなかではしゃいでいる様子を見たり、テレビで女性アナウンサーが高いトーンで話しているのを見たりして、心底びっくりしたといいます。南米では、二十代であっても「大人の女性」として見られたいために、低めの落ち着いたトーンで話すようにするのだとか。

たしかに、南米だけでなく、欧米のテレビニュースに出てくる女性アナウンサーが、高い声を出すのを見たことがありません。**「洗練された知性ある女性として見てくださいね」という強いメッセージを感じます。**

もちろん、「かわいらしさ」は女性の魅力の一つです。しかし、それは話している内容や態度に盛りこめばいいこと。ときどき、「あのね、私ね」「え〜、うっそぉー」と甘えた声で話すコドモ女子がいますが、いい大人が「かわいく話そう」とすると、幼稚に見えてしまうのです。キンキンした甲高い声や大きな声を耳ざわりに感じる人も多いでしょう。

そこで、**【オトナ女子の上品な話し方のポイント】**は……。

1　低めのトーンで話す　上品さを感じさせる最大のポイントは、声のトーン。キンキンした甲高い声は喉《のど》から声を出しているのです。明るさをプラスして、深呼吸をするようにお腹《なか》から出す低めの声は、広がりをもって響き、やわらかく落ち着いた印象になります。

2　ゆっくり、はっきりと話す　会話に夢中になると、ついつい早口になってしまいがち。そうすると、言葉も話し方も雑になってしまいます。ゆっくり、はっきりと、相手に伝わっているか確認しながら話すようにすれば、自然に言葉選びも慎重になるはずです。

3　頭にアクセントをつけて語尾はふんわりと言い切る　たとえば、「ありがとうございます」と挨拶するときに、最初の「あ」に強いアクセントをつけて、語尾の「す」をふんわり言い切るようにすると、耳に心地よいはずです。「私、〇〇だし〜」「〇〇ですけど〜」と語尾を伸ばすと、だらしない印象になるので、ふんわり言い切ることを心がけて。

☞目ざわりよりも、耳ざわりな女性は、また会いたいと思われません

美しく
見えない人

悪口を言わない

先日、カフェで、となりの席から、女性3人グループの会話が漏れ聞こえてきました。おそらく同僚なのでしょう。聞きたくなくても聞こえるような大きな声で、特定の女性の悪口、会社の悪口が続きます。「あんなに仕事ができない人初めて見た」「会話がまったく成り立たないし」「会社も辞めさせたらいいのに」とかなんとか。

まったく関係がないこちらまで胸がぎゅっと苦しくなって、すぐに退散したのでした。

悪口を言っている人というのは、不幸そうに見えてしまうのです。

どんなに丁寧な言葉遣いでも、どんなに着飾っていても、悪口を言う人は、美しく見えません。たいていは目を三角にして苦しそうにしているか、目をつりあげて怒りに満ちた顔をしています。みんなで笑って悪口を言っていることがありますが、それもなんらかの苦しさから解放されたくて言っていることに変わりないでしょう。

でも、皮肉なことに、悪口を言うほど苦しさからは逃《のが》れられなくなってしまうのです。

悪口は「許せない人がいる」「受け入れがたいことがある」といった心のモヤモヤを吐き出して一瞬ラクにしてくれます。みんなで悪口を共感し合うのは、ちょっとした快感でもあります。が、余計にマイナスの部分を自分のなかにインプットしてしまうのです。

その証拠に、同じようなことがあると、また悪口を言いたくなるはずです。

試しに、しばらくの間、悪口を言うのをやめてみてください。大丈夫ですから。

最初は、イライラ、モヤモヤしますが、だんだんその苦しさから解放されるために、自分の力で解決するようになります。「こんな人もいる」「あんなこともある」「ま、いっか」と大らかな目で見てスルーしたり、「じゃあ、どうしましょうかね？」と、自分にできる具体的な解決策を見つけたりします。そうして、人は成長していくのです。

悪口は、他人に期待しているからこそ出てくるのです。「他人に期待しないで、自分に期待する」『あの人もいいところがある』と、プラスの面に目を向ける」というオトナ女子の習慣が身についたときに、根本的に苦しさから解放されるはずです。


「他人に期待しないで、自分に期待する」「プラスの面に目を向ける」

女性らしい話し方

言葉を省略しない

「女性が男性化した」といいますが、それは言葉遣いによるところが大きいと思うのです。女性が「おい、○○ー（名前を呼び捨て）」「うっせー」「マジ、ありえねー」などと乱暴な言葉を遣う場面を見ることが多くなりました。「男っぽい言葉を遣うと、自分を大きく見せられる」「人間関係もうまくいく」と勘違いしているのでしょうか。

しかし、実際は逆効果。これらの言葉を自分に投げかけられたらどう思うでしょう。

ほとんどは不快に思うはずです。どんなにきれいな服を着ていても、口から出る言葉が汚ければがっかりします。本当の大人は、男性でも女性でも、丁寧な言葉を遣います。

それが相手を丁寧に扱うことだと知っているからです。

どんなに男女平等が叫ばれても、言葉遣いまで変える必要はありません。女性をいちばん美しく、知的に見せてくれるのは、女性らしい丁寧な言葉なのです。メイクに凝ったり、

ダイエットをしたりするよりもはるかに、オトナ女子として見られるはずです。

たとえば、「あたし」を「わたし・わたくし」に言い換えるだけで、自然に上品な表情や声になり、あとに続く言葉が丁寧になり、おだやかで凛《りん》とした感情が生まれます。言葉のもつ力は偉大。言葉はよくも悪くも、感情をつくり、思いをつくり、人をつくるのです。

次のように言葉を省略せず、きちんと話すだけで、ぐっと女性らしい印象になります。

❶ 助詞を省略しない

「これ、いい」⇩「これは（が）〜」、「みかん、食べたい」⇩「みかんを〜」など、助詞の「て・に・を・は」をハッキリと言うことを心がけて。

❷ 語尾の「です・ます」を省略しない

「○○さん、電話〜」⇩「〜、電話です」、「私も行くー」⇩「私も行きます」など丁寧語「です・ます」をきちんと言いましょう。

❸ 端折《はしょ》った「っ」を使わない

「マジっすか」⇩「本当ですか」、「ダメっしょ」⇩「ダメでしょう」、「こっち」⇩「こちら」、「速っ！」⇩「速い」、「やっぱ」⇩「やはり」など。

❹ 若者言葉を遣わない

「ヤバい」「ウケる」「じわる」「キモい」「ハンパね〜」「〜じゃね？」など簡略にした若者言葉を遣うと幼稚な印象になるので別な表現で。

難しいことではありません。小学生でも知っている基本的な言葉を遣えばいいのです。

☞ 丁寧な言葉を遣うと、丁寧に扱ってもらえます

落ち着いて話すために

敬語の基本を押さえる

きれいな言葉を話すために、「敬語の使い方」は避けて通れないでしょう。

正しい敬語を使いこなすオトナ女子は、自然に品格のある雰囲気を醸《かも》し出しています。

「敬語は難しくて自信がない」という人も次の**【敬語を使いこなす三つの基本】**を押さえるだけで、間違った敬語を使うことが少なくなり、エレガントな表現になるはずです。

❶「お」「ご」の使い方は、和語には「お」、漢語には「ご」をつける

お名前（ご氏名）、お知らせ（ご通知）、お招き（ご招待）、お勤め（ご勤務）

「お持ち帰りで」⇩「持ち帰りで」

※自分だけで完結する動作には「お」をつけない。

❷ 尊敬語（目上の人を敬《うやま》う表現）の基本は、とりあえずの簡易尊敬語「れる」を使わず、「お（ご）～になる」で表現する

簡易尊敬語は一段格下の尊敬語になります。

「社長が書かれた本」⇩「社長がお書きになった本」

「見学されましたか？」⇩「ご見学になりましたか？」
※すべての尊敬語は「お（ご）～になる」で表現でき、例外は主に次の5つ。
食べる（召し上がる）、行く・来る（いらっしゃる・おいでになる）、見る（ご覧になる）、言う（おっしゃる）、くれる（くださる）。

③　謙譲語（自分がへりくだる表現）の基本も「お（ご）～する」で表現する

「資料を渡します」⇩「資料をお渡しします」

「明日、連絡します」⇩「明日、ご連絡します」
※例外は主に7つ。行く・来る（参る・伺う）、見る（拝見する）、言う（申し上げる）、もらう（いただく・頂戴する）、会う（お目にかかる）、する（いたす）、思う（存ずる）。
「いま行きます」⇩「ただいま参ります」、「お会いできてうれしいです」⇩「お目にかかれてうれしいです」など、これらの例外はよく使う言葉なので、そのまま覚えましょう。

例外を除けば、尊敬語も謙譲語もすべて「お（ご）～になる・する」で対応できます。

最低限のポイントを押さえておけば、落ち着いてきれいな敬語を話せるのです。

☝ 尊敬語も謙譲語も、基本は「お（ご）～になる・する」です

シンプルな表現で

過剰な敬語は使わない

「拝見させていただいてもよろしいでしょうか?」

敬語を使い慣れていない若い女性だけでなく、30代40代でも、こんなゴテゴテとした敬語を使う人が多いようです。「とにかく、相手に失礼にならないように」と思うあまり、雪だるま式に敬語が重なって、それが染みついてしまったのでしょう。

「拝見させていただいてもよろしいでしょうか?」は「拝見する」「〜させていただく」……と、敬語が二つ重なっています。聞いているほうはまどろっこしく、「イライラする」「気取っている」と不快に思うことも。何より、へりくだりすぎる敬語は、よそよそしく感じられて、人を遠ざけてしまいます。

親しい関係になりたい、心を通わせて信頼関係を築きたいと思えば、言葉は自然にやわらかい表現になるものです。目上の人に対しては、「拝見してもよろしいですか?」で十

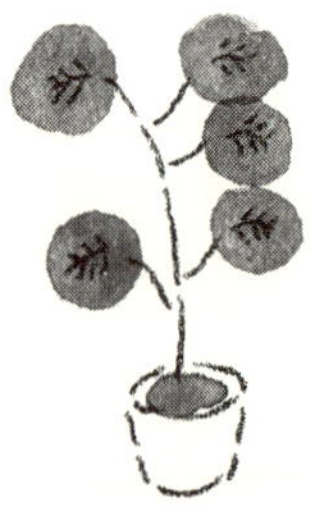

分。上司や同僚などが身近な関係であれば、「見てもいいですか?」でもいいでしょう。

「TPOに合わせて、簡潔に、ほどよい敬語を使うこと」が、オトナ女子の品格のある言葉遣い。相手にとって聞きやすく、簡潔であることが大前提。ゴテゴテと武装したような言い回しよりも、シンプルな表現で相手に美しい印象を残せるようにしたいものです。

ここでは、【簡潔でスマートな敬語になるコツ】をご紹介します。

① 一つの動詞に、敬語は一つというのが原則　二重、三重に使っても、敬意が高まるわけではありません。たとえば、「ご説明いたします」は「ご説明します」、または「説明いたします」のいずれかがスマート。ほかにも「召し上がられますか?」「おいでになられました」なども丁寧さを心がけるあまり犯してしまう二重敬語。「召し上がりますか?」「おいでになりました(または、いらっしゃいました)」がいいでしょう。

② 敬称も一つが原則　受付などで「部長様はいらっしゃいますか」はつい言ってしまいがちな言葉。他社の上司に「様」をつけないと失礼な気がしてしまいますが、役職がすでに敬称なので、それに「様」をつける必要はありません。「部長はいらっしゃいますか」に抵抗があるなら「部長の○○様はいらっしゃいますか」の表現にしましょう。

敬語は丁寧すぎず、簡潔に。相手への気配りが大切です

いい言葉に言い換える

丁寧な言葉遣いを心がけていても、つい無意識に口にしてしまう言葉があるものです。

その一つが、「どうも」です。たいへん便利な言葉で、ご馳走になったときに「どうも～」、ちょっとした挨拶に「どうもです」、人を待たせたときに「どうもどうも」など、「どうも」と言っておけば急場をしのげてしまいます。

「すみません」という言葉も然《しか》り。声をかけるときや、席を譲《ゆず》られたときなど、謝る必要もないのに、ほかに適当な言葉が見つからないから、つい使ってしまうのでしょう。

しかし、「どうも」や「すみません」を適当に使っていては、いつまでたってもオトナ女子の語彙《ごい》力はつきません。これらを品よく言い換える最強のフレーズがあります。

それは「恐れ入ります」。

身にあまる待遇や心遣いに感謝しつつ、「遠慮しながら受け取ります」という奥ゆかし

い言葉で、名刺交換のとき、お茶を出されたとき、ほめられたときなど多くの場面で使えます。ストレートな感謝を表す「ありがとうございます」と使い分けるといいでしょう。

相手が「ハッ」とするような大人の語彙力を身につけると、あなた自身も光ります。

次のように、**少し言い換えるだけで、ぐんと大人度が高まる言葉**があります。

人が使っていて「いいな」と感じた言葉もどんどん真似て、自分のものにしていってください。

「じゃあ⇩では」「だれ⇩どなた」「前に⇩以前」「すぐに⇩早速」

「あとで⇩のちほど」「もうすぐ⇩間もなく」「すごく⇩非常に・たいへん」

「ごめんなさい⇩申し訳ございません」「了解しました⇩かしこまりました・承知しました」

「暇なときに⇩お手すきのときに」「お久しぶりです⇩ご無沙汰しております」

「どうしますか⇩いかがいたしましょうか」

「鈴木に伝えておきます」⇩「鈴木に申し伝えます」

「がんばります⇩精一杯取り組ませていただきます（努めさせていただきます）」

「ちょっと質問があるのですが⇩二、三、質問をしてよろしいでしょうか」

☞大人の語彙力を身につけるには、場数を踏むことがいちばんです

相手に届く
話し方

わかりやすく具体的に

大人の女性と見られるために、難しい言葉や専門用語を使う必要はありません。

むしろ、簡単な言葉を使って、自分なりの表現ができる人こそ、大人だと感じます。

たとえば、お礼を言うとき、「ご配慮に心よりお礼申し上げます」など、ビジネス文書に出てくるような堅苦しい言葉を使っても、ほとんど相手には届きません。

シンプルに「気にかけてくださり、ありがとうございました」と言ったほうがすんなり届くはずです。

ただし、「わかりやすい言葉」だけでは、相手の心には〝響かない〟でしょう。

「わかりやすい言葉」というのは、だれにでも同じように使う抽象的な言葉だからです。

「わかりやすい言葉」以上に伝わるのは、「具体的な言葉」です。

感謝を伝えるにしても「貴重なお土産の品をありがとうございました」「早速、みんな

でいただきました」など「なぜ感謝するのか」「どんな効果があったのか」のひと言を添えるだけで、〝自分の言葉〟になって「ありがとう」のグレードがぐんと高まります。

オトナ女子であれば、特別な〝あなた〟への言葉になるようひと手間加えてください。

もう一つ心がけてほしいのは、相手の頭のなかに絵を描かせるように伝えることです。

こんな言葉を遣っているコドモ女子はいませんか？

「あそこのオムライス、ヤバいよね」「最近、仕事がマジ、ヤバい」

「ヤバい」は肯定にも否定にも使える便利な言葉ですが、抽象的でイメージできません。

「あそこのオムライス、卵がふわふわで、デミグラスソースが濃厚だよね」

「最近、仕事で毎日2、3時間残業していて、少し疲れています」

と具体的に伝えることで、情景がありありと浮かんできます。コドモ女子がなんでもかんでも使う「かわいい〜」も、「子どもってなんて愛らしいの」「そのバッグ、あなたに似合っていて素敵」など、それぞれ、より具体的に言い換えることができるでしょう。

大切なのは、相手にとっての「わかりやすい」言葉を「具体的に」遣うこと。

つまり、相手に対する心遣いがあってこそ、オトナ女子の言葉といえるのです。


平易な言葉だからこそ、自分なりの表現ができます

心がけたいこと

言われたくないことは言わない

20年ほど前、子どもの塾を開いていた素敵な女性を取材したときのこと。「子どもに接するとき、心がけていることは？」という質問にこう返されたことがあります。

「子どもだけでなく、だれに会うときでも、かならず口をゆすいで清めてから会うことにしています。自分の口から出ていく言葉がけっして人を傷つけないように。言葉は一度出てしまったら、二度と元に戻すことはできませんから」

以来、私もそれを真似てきました。20年も続けてこられたのは、その行為がまるでおまじないの儀式のように、効き目があったからです。

「これを言ったら嫌な思いをする？」と少しでも可能性がある言葉は、口から出ないようにぐっとのみこむようになります。そのほとんどは〝言う必要のない言葉〟。あとで「あぁ、衝動的に言わなくてよかった」と自分をほめたくなります。

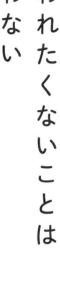

うっかり家族などをトゲのある言葉で攻撃してしまったときは、口のなかが苦々しい感じになって「言うんじゃなかった」と反省します。**「行く言葉が美しければ、来る言葉も美しい」**という諺《ことわざ》があるように、きれいな言葉で接すれば、きれいな言葉が返ってくるし、傷つける言葉で接すれば、傷つけられる言葉が返ってきます。

「大人だなぁ」と思う女性は、相手がどんなにケンカ腰になってきても、けっして自分からは相手を傷つける言葉は発しません。コドモ女子は、思ったことをすぐに口にするため、相手をつい傷つけて反撃をくらうもの。悪意はなくても上から目線の「かわいそうにねぇ」「がんばってよ」「大丈夫でしょう？」なんて言葉も人を不快にさせることがあります。

相手の「言われたくない言葉」がわからないからです。

そんなコドモ女子にならないためには「自分が言われたくないことは言わない」を心がけること。言う必要があれば、相手が受け入れやすいように言い換えればいいのです。

オトナ女子は、自分の発した言葉を耳で確認するくらいのスピードで話しましょう。速く話そうとするから焦《あせ》って失言してしまうのです。「ゆっくりすぎる？」と思うくらいがちょうどいい。深呼吸をするように胸を張って、きれいな言葉で接してください。

相手への言葉は、自分への言葉と同じです

ゲーム感覚でできること

否定形よりも肯定形を使う

ある女性社長と話していて、なぜかモヤモヤして、話の内容が入ってこないことがありました。豊富な経験と知識をもっている方で、ためになる話であるのにもかかわらず、楽しくないのです。話の途中でその原因がわかりました。

「でもね」「でもさ」「でもでも」「いやいや」「だけど」「そうじゃなくて」と、否定から入るクセがあったのです。「海外での仕事がうまくいってよかったですね」と言うと、「いやいや、先はどうなるかわからないんで」と答えるように。こういう人にかぎって、無自覚に否定しているから困ったもの。自分としては楽しく会話しているつもりでも、実際は相手の言葉をつぶして、じんわり不快にさせてしまうのです。

否定的な人に出会ったら、「この人の言葉のクセだからしょうがない」とあきらめるか、「彼女の経験はすばらしい」などプラスの部分に意識的に目を向けるしかありません。

ほかにも「～はダメ」「嫌い」「イヤ」「ムリ」「最悪」など、否定的な発言、嫌味、毒舌を日常的に口にしているコドモ女子がいます。一見ハッキリしていて痛快にも感じますが、一緒にいる人は、思いやりのない言葉にだんだん心地悪くなってくるはずです。

もし、あなたがオトナ女子であるなら、少しだけ冷静になって**「否定形を肯定形に言い換えることはできないか？」とゲーム感覚で考えてみるといいでしょう。**

【否定】そんなことじゃダメでしょう　⇩　【肯定】やり方を変えたらうまくいくでしょう
【否定】納期に遅れると困ります　⇩　【肯定】納期を守ってもらえると助かります
【否定】今週は休まないでください　⇩　【肯定】来週以降に休みをとってください

というように言いたいことは変えずに、相手を不快にさせない言い方にするのです。

否定形を使わないほうがいいのは、快・不快の問題よりさらに重要な理由があります。その否定的な言葉をいちばん聞いているのは自分自身だからです。人や物事を否定していると、自分に対しても否定的な見方をするようになります。「どうせ私は」なんて言葉を使っていたら要注意。物事を肯定する習慣があれば、自分自身も肯定するのです。

言葉は感情に直結します。相手と自分自身を大切に扱う言葉を選んでください。

人は言われた「内容」よりも「言い方」に傷つくものです

相手への思いやり

言いにくいことを言うときは

「あの～、失礼かと存じますが、頭に白いものが……」

最近、ホテルで、若い女性スタッフに声をかけられて、「白髪？」と思ったら、整髪料の塊《かたまり》。「言ってくれてありがとう！」と笑ったことがありました。

いきなり「頭に白いものが……」と言われたら、びっくりしたでしょうが、「失礼かと存じますが」と、〝クッション言葉〟で前置きしてくれると、心の準備ができて「なんだ、大したことじゃなくてよかった」とほっとします。

「クッション言葉」は、忠告をするときや断るときなど、相手になんらかの衝撃を与えるかもしれない言葉の前につけて、気持ちを和《やわ》らげてくれるもの。「ここぞ！」というときのクッション言葉をもっておくと、相手への思いやりを示すことができて、言いにくいことも言いやすくなります。クッション言葉には、次のようなものがあります。

【頼みごとをするとき】「お忙しいところ、申し訳ありません」「急なお願いですが〜」「もし、よろしければ」「お手数ですが〜」「お差し支《つか》えなければ〜」

【依頼を断るとき】「せっかくのご依頼ですが〜」「お気持ちはありがたいのですが〜」「申し訳ないのですが〜」「たいへん心苦しいのですが〜」「あいにくですが〜」

【ミスを指摘するとき】「恐れ入りますが〜」「間違っていたらごめんなさい」「思い違いであれば申し訳ありません」「失礼かと存じますが〜」「余計なお世話と存じますが」

クッション言葉はコミュニケーションを円滑《えんかつ》にしてくれる「思いやりの言葉」ですが、注意も必要です。繰り返し使っていると、マニュアル化された枕詞《まくらことば》のようになるのです。

デパ地下で、店員の「申し訳ございませんが、商品は売り切れました」という言葉が機械的で、妙に冷たく感じたことがありました。

「暑いなか、せっかく来ていただいたのに申し訳ありません」「がっかりさせて心苦しいのですが」というように、自分なりにアレンジした言葉であれば、「また来ますから、いいですよ」と返したくなります。本当に効果のあるオトナ女子のクッション言葉は、相手の立場に立って出てくる「自分の言葉」なのです。

☞「クッション言葉」は、ひと手間加えて自分でつくろう

言い訳にご用心

「時間がない」と言わない

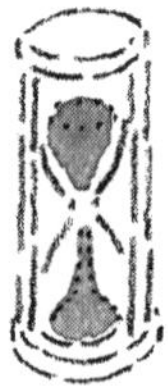

どんな状況になっても口に出さないようにしていた二つの言葉があります。それは……。

「お金がない」と「時間がない」。

このあとに続くのは、たいてい「だから、～できない」という言葉。たとえそれが事実でも、自分の残念な事情を言い訳にするのは、かっこ悪いと思っていました。

それに、やりたいことをやろうとするとき、「お金」と「時間」がないことは理由にはならない。本気でやろうと思えば、お金も時間もなんとかするはずですから。

「言い訳をするな」と、私たちは幼いころから何度も言われてきたものです。が、大人になっても、いえ大人だからこそ、つい言い訳をしたくなるもの。仕事でミスをしたときも「だって、指示がはっきりしなかったから」「やったことがないから」、ダイエットができないのも「ストレスで食べてしまうから」「時間がなくて運動ができないから」と。

言い訳をしてしまうのは「私が全部悪いんじゃない！」という気持ち。それを人に伝えて「仕事ができない人」「ダメな人」と思われるのを避けたい気持ちもあるでしょう。

でも、言い訳をされた相手は、責任感のなさや逃げの姿勢にイラっとくるもの。**何より言い訳ばかりしていると、自分が苦しくなってきます。**「お金がないから旅行に行けない」「時間がないから資格の勉強ができない」と、なんだかんだいって自分に逃げ道をつくるからずっと未達成のまま。つねに理想と現実のギャップを抱えて生きるわけです。

私は30代後半になって「これからは、人に対しても、自分に対しても言い訳をしないで生きる」と決めてから、すべてのことがうまく回り始め、むしろラクになりました。「結局、すべては自分が招いていること」、だから「自分次第でなんとでもなる」と思うと、現実は理想にどんどん近づいていきます。できないことはできないこととして認めるし、「じゃあ、どうしましょうかね？」と発展的に考えるようになります。

言い訳をしている時点で思考停止。成長はないし、人間関係にもいい影響はないでしょう。ソンにしかならない言い訳をわざわざ口にするのは、賢いオトナ女子とはいえません。

まずは、「時間がない」「お金がない」という言い訳をやめてみませんか？

うまくいかないことは、身から出た錆《さび》。うまくいったことはおかげさま

「政治」「宗教」の話題

よく知らない相手との会話で、「政治」「宗教」の話題はタブーといわれます。かつて、だれかが「やっぱり○○党はダメね」と軽くある政党を批判したところ、一人がイラっとした顔で「私、支持者ですけれど」と退席。場が凍り付いたことがありました。

これらの話題に共通していえるのは、さまざまな価値観があって、対立構図を生みやすいこと。「やっぱり、日本では仏教がいちばん」などと仏教のすばらしさを説いても、キリスト教を信仰している人とのコミュニケーションは成り立たないでしょう。

しかし、「政治」「宗教」という大きなテーマは、生活や仕事、未来に密接に関わっているもの。避けてばかりいては、自分の考えを表明することもできず、お互いの理解も深まりません。また、政治についての会話についていけなかったり、政権のゴシップばかりを話題にしたりしているようでは、教養も疑われてしまいます。

海外の女性たちは、しばしば政治や宗教について討論します。宗教が生活スタイルに直結するため、堂々と表明するのは当然。「人それぞれでいい」という共通認識があるのと、**多様な価値観のなかから〝共通のテーマ〟を見つけてスマートに話しているからです。**

たとえば、「政治と生活の関係」「宗教が果たす役割は」といったテーマで雑談ができれば、中身の濃い意見や情報の交換ができます。また、仏教や聖書のちょっとした教養をもっていることで、相手の宗教の話に共感したり、わからないことを質問したりできます。

人は、同じ立場同士でつながるのではなく、同レベルの会話ができる人とつながるのです。

〝共通のテーマ〟を見つけるには、新聞や雑誌などから、知識や教養になる情報を仕入れるクセをつけること。銀座の格式高いクラブのホステスたちが、どんな話題にもついてくることに感動したことがありますが、彼女たちは新聞を読むことを常としているのです。

年齢が違う、仕事が違う、立場が違う、基本的な考え方が違う……そんな異質な相手でも、かならず共通するテーマがあります。それを見つけられたら、スマートに楽しく会話をすること、お互いに認め合って、深く理解し合うこともできるのです。

一見、異質な相手から共通のテーマを見つけると、一気に仲良くなれます

リラックスして話すために

会話が途切れることを怖がらない

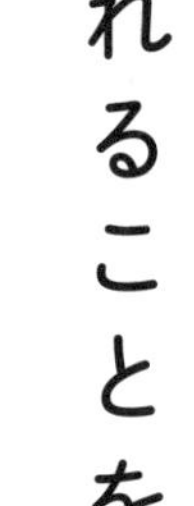

会話しているときに怖いのは、会話が途切れてしまうこと。そう、〝沈黙〟です。

じつは、私も沈黙が大の苦手でした。会話が途切れて「しーん……」となってしまうあの〝間〟がたまらなく嫌で、「何かしゃべらなきゃ」と焦ってペラペラと自分の話をしたり、うっかり余計なことを言ったりして自己嫌悪に陥《おちい》ることも多々ありました。

沈黙が怖いのは、「相手に楽しんでもらわねば！」というおもてなしの心もあるのですが、結局は、会話が続かないことで「コミュニケーションができない人」「一緒にいてつまらない人」と思われたくないから。つまり、焦ってしゃべるのは、言葉をマシンガンのように発して自己防衛をしているのですね。攻撃もしてこない相手に対して。

そんな私に、司会業をやっている友人がアドバイスしてくれたことがありました。

「会話でもスピーチでも、間ができたときは、無理にしゃべらず、あえて沈黙を入れるこ

とが大事。深呼吸でもして、自分を立て直す時間にするといいよ」

そこで、「沈黙も悪くない」と開き直ってみたところ、自分がしゃべるよりも、相手の話を聞こうという態勢になってきました。相手が話しにくそうにしていたら、しゃべりやすくなるきっかけをつくろうと思えてきたのです。

「この前、温泉に行ったって聞きましたけれど、どうでした？」

「○○さんはいつも元気ですよね。特別な健康法ってありますか？」

「私は、会社周辺ではここのランチがいちばん好きですけれど、○○さんは？」

など相手中心の会話にもっていけば、気持ちよく答えてくれ、話は展開していきます。

会話のキャッチボールは、自分だけがボールを長くもたずに、相手に早めに返すのがコツ。だれだって、興味をもってくれる相手と話しているときがいちばん心地よいのです。

「沈黙があっていい」と思っていれば、相手の答えを微笑みながらゆっくり待ったり、相手の表情を見ながら話題を変えたりする気持ちの余裕も出てきます。

沈黙に慣れてくると、お互いにリラックスした関係になれるはず。オトナ女子の会話は、「話すが3割、聞くが6割、沈黙が1割」くらいの感覚がちょうどいいのです。

大人の女性は、むしろ沈黙を歓迎します

第三章

装い

品格のある
オトナ女子

外見に内面が表れる

自分に「あるもの」に目を向ける

テレビのドキュメンタリー番組を観ていて、私はある女性に目が釘付けになりました。その女性は、4歳のときに右目を失明。病気が進行し、26歳で左目もほとんど見えなくなったそうです。彼女の日常で着ているものも、メイクも髪型も隙がないほど魅力的。スタジオに着てきた服も、色白の肌と赤茶色の髪にぴったりの鮮やかな檸檬《レモン》色のドレスで、司会者に「こんな色が似合う人はいない！」と絶賛されるほどでした。

服は見えなくても、過去の記憶を手繰《たぐ》り寄せて「こんなふうになるだろう」とイメージしながらおしゃれをしているのだとか。その堂々とした姿と弾ける笑顔には誇り高いオーラが漂っていました。彼女は仕事に恵まれない時代を経たあと、優れた聴力を生かしてテープ起こしをする「ブラインドライター」として独立。「だれかの役に立てることが本当にうれしい」という気持ちも、キラキラしたオーラになっているのでしょう。

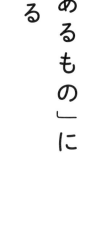

「品格」とは、自分のもっている価値に誇りをもち、それを最大限に生かそうとすることから身についてくるものです。装《よそお》いであれ、生活の品であれ、身の丈に合った範囲でできるだけ自分を喜ばせてくれるもの、自分を美しく見せてくれるものを集めようとする気持ちが、オトナ女子の品格につながります。

高級ブランドの服やバッグを身につけて、自分のランクを上げようとするのは、コドモ女子のすること。中身が伴っていないので気高いオーラはまったく感じられません。それぞれの年齢、それぞれの個性を最高に引き立たせてくれる装いがあるのです。

また「どうせ私は太っているから」「どうせブスだから」と自分を大切にせず、おしゃれに無頓着《むとんちゃく》な人は、残念ながら、まわりからも軽んじられます。

私たちは、見た目から「この人は常識ある大人だ」「知的な人だ」「清潔感がある」「だらしがない」「下品で派手好き」など内面の情報をしっかりと受け取っています。

自分で自分をどんな人として扱ったかが、まわりからどう扱われるかになります。品格ある装いは、「自分のもっている素敵な価値を生かそう」と思うことが始まり。自分に「足りないもの」ではなく、「あるもの」「優れたもの」にしっかりと目を向けてください。

自分を大切に扱わないと、まわりからも軽んじられます

おしゃれな人

自分が似合うものを知っておく

単純なことですが、最強のおしゃれとは「似合っている＝自分をよく知っている」ということだと思うのです。自然体であることが、その人をいちばん輝かせてくれますから。おしゃれな人は、自分のことを一歩引いて、客観的に見つめる視点があるため、それだけで信頼に値します。仕事や人間関係においても一目置かれているはずです。

似合っていない服を着ている人は、かなりの確率で、言葉や行動もチグハグ。「私はこういうのが好きだから」「こうなりたいから」と主観だけで動いて、「トータルで見て調和がとれているのか？」という客観的な視点が欠如しているのです。

たとえば、年齢を重ねても若く見せることばかりを気にして、若者向けのブランド品を愛用したり、リボンやフリルのついている服を着ていたりすると、顔や体型とアンバランスなことになってしまいます。ＴＰＯを無視したラフすぎる服もその場にしっくりきませ

ん。

オトナ女子が進むべき〝おしゃれ道〟は、精神的な豊かさを感じさせることなのです。

年齢を重ねることで失っていく魅力もあれば、備わってくる魅力もあります。

いまの自分を歓迎すれば、「包容力」「やさしさ」「知性」「色気」「洗練」「個性」など、成熟していく魅力を、おしゃれに反映していくこともできるはずです。

海外でときどき「おしゃれ〜」と感動する日本人女性に出会うことがあります。たとえば、50代のYさんはダンスで鍛え上げた肉体に、レザーのパンツがお似合い。また40代のAさんは、エキゾチックな顔立ちと黒髪で、着物を自分なりにアレンジして着こなしています。彼女たちは自分に似合うものをとことん追求していて、おしゃれを大胆に楽しんでいるので、もはや年齢といったものは関係ないとさえ思えてきます。

心地よい、楽しいと感じるものをどんどん身につけて出かけ、ときにはセンスのいい友人や、ショップ店員にダメ出しをされたり、ほめられたりしながら、自分らしい服や持ち物を〝チューニング〟していきましょう。自分に似合うものがわかっていれば、おしゃれにさほど気を遣わなくても、おしゃれになるのです。

おしゃれは、まず自分の顔と体型をしっかりと見極めることから

シンプルで上質を目指す

数は少なくても、上質なものを

電車や街中で、「あの人、素敵!」「センスがいいな」と目を引くオトナ女子に共通しているのは、「小綺麗さ」。小綺麗さとは、整っていて、さっぱりとした快さを感じられるさまのこと。ファッションでいえば、シンプルで、ベーシックなものを基本にして、上質で体型に合ったものを着ている。上品なアクセサリーや小物使いでアクセントを効かせるのがうまい……そんな女性でしょうか。

ココ・シャネルの名言に「ファッションとは、上級者になるほど引き算である」という言葉がありますが、センスのよい人ほど、華美な服や派手なアクセサリーなど余計なものを身につけると、おしゃれでなくなることを知っています。

そして、**シンプルであるがゆえ、上質であることにこだわります。**

オトナ女子の装いは、ブランド品や高価なものがいいというわけではありません。しかし、量販店で売っているような安価な服は、それなりの素材、デザイン、縫製だったりするもの。安い服ばかり着ていると、引け目を感じて、おしゃれにも自信がもてないはずです。安いものをあれこれ買うより、上質でベーシックなものを1枚。買ったときに高いと思っても、着る頻度は高く、満足感と自信を与えてくれます。

私は買う服はできるだけリネン、ウール、シルクなど天然素材にしています。ポリエステルなどの化学繊維より価格はいくらか高くても、肌触りや着心地がはるかに違います。

また、小綺麗な人は、スカートの丈にもこだわります。肩幅やウエスト幅、袖丈、裾丈など、「あと2センチ詰めたい」というときは、迷わずお直しを頼みましょう。

上品な人は、本当に必要な、いいものだけを買って、気分よく、大切に使うのです。

小綺麗さとは、「清潔感」でもあります。服にきちんとアイロンがかけられている。毛玉や埃がついていない。靴が磨かれている。バッグが手入れされている。髪はボサボサではなく、整えられていてツヤがある……など、目立っていなくても、基本的なところに手を抜いていない人は、女性として意識の高さを感じます。

「シンプルで上質で清潔感のある装い」を目指すのが、小綺麗なオトナ女子への近道です。

自分のお気に入り、上質なものを身につけたら余計なものはいりません

一工夫するおしゃれ

季節感のある小物をもつ

お花見の席でのこと。友人が桜模様のハンカチをさりげなく膝にかけていて、「おぉ、女子力が高い！」と感動したことがありました。

ハンカチも立派なアクセサリー。パーティの席などで、エレガントなワンピースを着ていても、手元がタオルハンカチだと、女っぷりが下がって見えます。季節感のあるシルクのハンカチを手元にもっているだけで、オトナ女子力がぐっと上がるのです。

昨今はハンカチをもたない女性も増えているようです。「トイレに行ったときは乾燥機を使うし、それがないときは髪の毛を直しながら拭くから、ハンカチはいらない」というコドモ女子もいます。が、しかし、最低限の身だしなみとして、ハンカチはもっておきたいもの。

普段使いにタオル地かガーゼのハンカチを1枚、人前で使うものとして、きれいめのハ

ンカチを1枚もっておくと、心にゆとりが生まれて、優雅に振る舞えるはずです。

　そして、普段使いでこそ、ハンカチの季節感には気を配りたいもの。春は芽吹きや、咲き始める花を連想させるパステルカラー、夏なら朝顔、花火、金魚などの柄も遊び心がありますが、色を涼しげなブルーにするだけでも、季節感は出せます。秋は実りや紅葉の暖色系、冬は暖炉の火を感じさせる朱色など、季節感のある色づかいは品がいいものです。

　日本では、着物や帯など季節を先取りして着るのが「粋《いき》」とされていました。自然をモチーフにしたものだけでなく、雛祭《ひなまつ》りやお月見など季節の行事にちなんだ柄もありました。

「粋」とは、江戸時代に生まれた美意識で、身なりや振る舞いが洗練されていることや、女性の色っぽさなどを意味します。物事に精通していて、さりげなくてかっこいい内面の美を表す〝哲学〟でもあり、ほかの言語には同義の言葉がないといいます。

　ハンカチだけでなく、スカーフやアクセサリー、帽子、靴などの色や素材でも、季節は先取りできます。流行もベーシックなものではなく、小物で取り入れるといいでしょう。

　粋なおしゃれはたくさんもつことではなく、一工夫する心がけから生まれます。オトナ女子の身だしなみは知性があり、自分もまわりの人も元気に、豊かにしてくれるのです。

「粋」はオトナ女子が目指したい境地です

見た目の印象を
左右するもの

背筋をぴんと伸ばす

見た目の印象を左右するのは、ファッション以上に「姿勢」ではないでしょうか。

たとえば営業に、まっすぐに背筋の伸びた女性と、猫背でうつむき加減の女性が来たら、どちらの話を聞きたいと思いますか？　姿勢のいい女性は、それだけで明るく凛《りん》としていて、自信をもっているように感じられます。姿勢がよくない女性は、素敵な服を着ていても、暗い、頼りない、だらしがないなどのイメージをもたれるでしょう。

立ち姿や、人と対峙《たいじ》したときの座り方、歩き方などの姿勢は、人相と同じで、その人の「生きる姿勢」がにじみ出るのです。姿勢は、言葉以上に正直といってもいいでしょう。

人間の体は、気を抜くと猫背になるようにできているといいます。パソコンやスマホに熱中していると、だんだん背中が丸まってくるはずです。

「姿勢を正す」というぐらいですから、背筋をぴんと伸ばすには、いくらかのエネルギーが必要。姿勢のいい人は、幼いころからバレエや日本舞踊などをしていたなどの理由もありますが、**ほとんどは「意識して気をつける」というちいさな努力の積み重ね**なのです。

ここが「オトナ女子」と「オバサン」の分かれ目でもあります。ラクチンは、オバサン化の始まり。座るときはソファーにだらんともたれかかったり、だぶだぶのゴムウエストの服ばかり着たりしていたら、オバサン化は一気に進むでしょう。年をとるからオバサンになるのではなく、自分を磨くことをあきらめた人が、オバサンになるのです。

姿勢をよくしたり、体型のメンテナンスをするために、効果的な方法をご紹介します。それは1日1回、体重計にのること。できれば、自分の裸を姿見に映してみるといいでしょう。それだけで、自然に背筋を伸ばして歩くようになったり、腹筋を鍛える運動をしたり、食べすぎを抑えたりするようになります。

頭のてっぺんから紐で吊り上げられたイメージをもつことも、背筋を伸ばしてくれます。あとは、その状態を意識しながら、立ったり、座ったり、歩いたりすればいいのです。

姿勢を正すことを意識すると、心のお行儀もよくなり、明るく理性的に考えられるようになります。オトナ女子は、どんなときも、まっすぐ前を向いて歩いていきましょう。

体の姿勢を正すことは、心の姿勢を正すことです

品格ある
三つの動作

意識して「ゆっくり丁寧」に動く

品格ある女子の特徴の一つとして、「ゆっくり丁寧」な立ち居振る舞いがあります。ゆっくりだけれど、のろのろ、もたもたした印象はありません。動きにムダがなく、あくまでも落ち着いていて、余裕を感じさせる、しなやかで美しい立ち居振る舞いなのです。

先日、あるパーティでスピーチをした女性が、まさにそんな方でした。ほかの人たちが、バタバタと小走りに登壇して、まくし立てるようにしゃべるのに対して、彼女はゆっくりと地面を踏みしめるように歩き、ゆっくりとマイクをもち、ゆっくりと話し始めました。その優雅な立ち居振る舞いに、「この人、何者？」と注目の的となったのです。

単純に、「ゆっくり丁寧」な動作は、優雅できちんとしている上品さを醸《かも》し出し、動作が雑な人は、いい加減でガサツな印象をもたれます。物を放り投げるように渡したり、扉をバタン！と音を立てて開け閉めしたり、電車のなかで脚を広げて座ったり……と人や物

に乱暴に接している人は、自分では気づかないうちに下品な印象を与えているのです。

だからこそ、「意識して、ゆっくり丁寧に動く」ということが大切。次の**【品格ある三つの動作】**を心がけるだけで、上品な雰囲気が出てくるはずです。

❶　動作は「一つずつ」　歩きながら挨拶をする、スマホをいじりながら人の話を聞く、グラスをもったまま立ち上がるなど、一度に二つのことを片づけようとすると、忙《せわ》しなく見えます。立ち止まって挨拶をする、ほかのことをやめて話を聞く、立ち上がってからグラスを手に取るなど、動作を一つひとつ確実に行うほうが美しく優雅に見えます。

❷　動作は「最後までゆっくり」　カップを置くとき、ドアを閉めるとき、床を歩くときなど、ガチャン、バタン、ドタドタと音が立つのは、雑な証拠。物は最後まで離さずに扱いましょう。また、イライラしているときは動作が雑になりがち。そんなときこそ、ゆっくりしゃべる、ゆっくり歩くなど落ち着いた物腰で振る舞うようにしましょう。

❸　動作は両手、両脚を「そろえて」　物の受け渡しは両手をそろえて、手で方向を示すときは指先をそろえて伸ばす、座るときは両脚をそろえて片方に少し倒すなど、手、指、脚がきちんとそろえてあると、女性らしい細やかさが伝わってエレガントに見えます。

「ゆっくり丁寧」に振る舞えば、気持ちも落ち着きます

最強の武器

いつも微笑みを

オトナ女子が美しくなるために身にまとう3点セットは、「伸びた背筋」「落ち着いた立ち居振る舞い」、そして、「おだやかな微笑み」。これらは、服装以上に女性を美しく見せるポイントであり、だれもが一瞬で手に入れられるものです。

とくに、「おだやかな微笑み」は、オトナ女子にとって最強の武器といえるでしょう。

子宮のなかにいる子どもは微笑みをたたえ、生まれてからも、子どもたちは1日に数百回も笑っているといいます。しかし、大人になるにつれ、私たちは生きることへの不安から悲観的になり、微笑むことを忘れていきます。

大人の微笑みは、理性によって幸せを取り戻そうとする証であり、簡単には不幸にならないというオトナ女子のプライド。気まずくなった相手に翌日、微笑んでみると、関係が軟化します。緊張した場面で微笑むと、自信や余裕があるように見られ、実際もそんな気分になってきます。微笑むと考え方がやわらかくなり、体の自己免疫力が上がって健康な状態に近づくといいます。長生きの女性たちは、いつも微笑んでいる印象があります。

大人の女性として、美しいと感じる微笑みの象徴は、仏像や彫刻の顔によく見られる〝アルカイックスマイル〟。一見表情が乏《とぼ》しく感じられもしますが、不安定な「人間の感情」を極力排除して、根本的な幸福感を求めた、やさしく、おだやかな笑みなのです。

朝の外出前、職場のトイレなど、1日に何度も鏡を見て、アルカイックスマイルで微笑んでみましょう。**軽く口角を上げて、目尻を下げて微笑む習慣がつくと、どんな現実も「まぁ、よろしいでしょう」とやわらかく受け止めようとする習慣ができてきます。**

わざとらしい愛想笑いや営業スマイルにならないためには、うれしいこと、楽しいことなどいい点を一つでも見つけること。苦手な相手にも心のなかで「ありがとう」と唱えると、何かしら微笑めるポイントが見つかるはずです。また、笑顔がいいといっても、大きくて甲高い笑い声、「ホホホ……」といった高笑いや、「フン」と鼻で笑うのは、人を不快にさせる品のない笑い方。オトナ女子の微笑みは、愛と感謝でできています。

やさしく微笑んで、まわりを、温かく、やわらかな空気で包んでください。

「微笑み」はご機嫌の〝結果〟だけでなく、ご機嫌の〝原因〟でもあります

捨てたくないもの

上品な色気を出す

仕事をバリバリしている女性たちが、外見に気を遣わなくなったり、乱暴な言葉を遣ったりすることがあります。「仕事は男も女もない」「女だからって甘えるな」などと言われ続け、「女、捨ててがんばります！」となってしまうのは、私も経験済み。が、女はどうがんばっても女。「女性らしくありたい」「男性によく思われたい」といった本能的な欲求は、だれだってあるでしょう。そんな〝色気〟というべき欲求は死ぬまで大切にしていきたい。それこそが、女を美しく、元気にしてくれるのですから。

〝色気〟といっても、〝セクシーさ〟や〝エロさ〟とは違います。「見て見て！」と言わんばかりに胸や脚を露出した服を着ることが色気と勘違いしているのは、コドモ女子。10代20代であれば、それも健康的なお色気になりますが、30代以上は下品に見えてしまいます。オトナ女子の成熟した色気は、出すことよりも抑えることが必要不可欠。本能的な女性の部分に、理性で蓋をするがゆえに、深い上品さが生まれるのです。
具体的には次のことに気をつけて。ちらりと見せることが大人の色気のポイントです。

1　露出しすぎない　胸の谷間を強調するキャミソールよりも、隠しているのにラインがわかるブラウスのほうが、清楚《せいそ》さとのギャップで色気を感じるもの。露出しすぎは軽薄な女性と思われかねません。鎖骨、うなじ、脚などがちらりと見えるぐらいがいいのです。

2　しゃべりすぎない　あれもこれもとベラベラしゃべると、女性の魅力は半減。多くを語らないことでミステリアスな色気が生まれ、相手は「もっと知りたい」と思うのです。

3　見つめすぎない　色気というと、相手を誘惑するようなねっとりした目線を想像しますが、逆効果。人はずっと見つめられると心地悪くなるもの。時折、目線を外しながら、相手を受け入れようとする気持ちで見つめると、やわらかい母性的な表情になります。

4　香りを漂わせすぎない　遠くからでもわかるキツい香りは、男性にも女性にも評判がよくないもの。近くで髪や服からふんわり香るくらいが清潔感があり、余韻を残せます。

5　たまに見せる隙が大事　隙をなくしてガードが固すぎると近寄りがたい雰囲気に。相手によってダメな部分や甘えた部分、本音もちらりと出して、距離を縮めましょう。

女は死ぬまで〝女子〟。色気を捨ててはいけません

自信がもてる
装いのポイント

パーティ用の勝負服を用意しておく

海外のパーティに参加すると、ほとんどの人が意外に自由でラフな格好をしているのに驚きます。もちろん、ドレスコードなど最低限のマナーは押さえているけれど、それよりも自分らしい装いであることが大事。大胆で個性的なファッションを、自信に満ちた表情で楽しんでいるのです。一方、大勢がいる場所に気後れして、「とにかく無難に……」といった地味な格好をしたり、流行りに身を任せて服を選んだりすると、まさに〝借りてきた猫〟の状態。堂々と振る舞えず、大勢のなかでくすんだ印象になってしまうでしょう。

オトナ女子のおしゃれは、自分の個性に合うものを選び、自分を表現すること。お気に入りの服で出かけることで、自信がもて、まわりから魅力的に見られるようになるのです。

ここでは**【パーティで自信がもてる装いのポイント】**をご紹介します。

1 オトナ女子は、基本を押さえて、「きちんと感」を出すこと

パーティの格式に合

わせて、TPOを考慮した装いは、大人のマナー。その場にふさわしくない服装で参加すると、途端に居心地が悪くなるでしょう。スニーカーやブーツ、デニム、大きなバッグなどカジュアルすぎるものは避けて、華やかなコサージュやピンヒールのパンプス、シルクの大柄スカーフ、パーティバッグなど、よそ行きの小物で〝きちんと感〟を出しましょう。新しいドレスを買わなくても、個性的なアイテムでさりげなく相手に印象づけられます。

❷ その場を明るくする装いが女性の役割

主催者の立場なら、華やかな装いで場を盛り上げてほしいと思うもの。先日のパーティでは、60代の女性がキラキラのラメをたっぷり髪につけて登場。一気に場が華やかになりました。私は海外では和テイストの小物を身につけます。それだけで話しかけられやすくなり、場を楽しむことにもつながるのです。

❸ 勝負服を用意しておきましょう

「自信を与えてくれる、お気に入りの一着」は心強いもの。自分にいちばんぴったりくる勝負色、勝負スタイルをわかっておくと、勝負服は選びやすくなります。自分のセンスに自信がなかったら、センスのいい友人やショップ店員にアドバイスをもらいましょう。自分に合うものだけを身につけ、合わないものは一切身につけないという哲学をもてば、自然と自信がわいてくるようになるはずです。

おしゃれを楽しめれば、その場、その時間も楽しめるようになります

第四章

働き方できるオトナ女子

男性ができないことをやる

女性の強みを生かす

衣料品チェーン店の店長をしていた20代のころ、男性店長と同じように扱ってもらえないことが不満でたまりませんでした。「女性は責任のある仕事を任せてもらえない」「男性のほうが昇進が早い」「女性ばかりが雑用をさせられる」というように。

「男女平等じゃない！」と上司に泣いて訴えたこともありました。あまりにも不平等なので、開き直って「男性、女性、関係なく、自分のできることをしよう」と得意な接遇マナーに力を入れたところ、皮肉にも「さすが、元マナー講師。女性は視点が違う！」と会社の評価はぐんとアップ。そこから、やりたかった新入社員研修の仕事を得たほどでした。

のちに経営者の立場になって思ったのは、男女の扱いが違うのは当然だということ。男性が責任のある仕事をするのも、女性がお茶を淹れるのもそれなりの理由があるのです。

嘆いてばかりいるときは、まだ青い。自分のことに精一杯で、一歩引いて「会社や世の

中のために、何がベストなのか?」という広い視点に立てていないのです。

それに、本当に世の中で勝負しようと思ったら、女性の強みを利用するしかないでしょう。**男性ができないことをやらなきゃ、勝ち目はありません**から。たとえば、私がフリーライターとして東京で仕事を得ようとしたとき、自らやった取材は、不妊治療をする女性に対するものでした。女性だからこそ、同じ立場で話を聞き、書くことができたのです。

組織で能力を発揮している女性、起業が成功した女性などを取材すると、ほとんどが女性の強みを生かして社会に貢献しています。男性中心だった建築、農業、運送などの分野で活躍している女性も、細やかな気遣いやコミュニケーション力、段取り力などを発揮して、男性に「そこ、気づかなかった」「さすが女性」と言わせる働きをしているのです。

うまくいかないのは、男性と同じ土俵で戦っているから。男性という生き物は、張り合おうとする女性には、容赦しません。男性が本気になったときの嫉妬も怖いものです。

男性、女性ということだけでなく、新人ならではの新鮮な意見、主婦ならではのアイデア、熟練者ならではの教えなど、人それぞれの視点があるはずです。「自分はここで何ができるのか?」、それを考え行うのが仕事であり、自分を生かす道ではありませんか?


男性と仕事で戦うのはムダ。助けてもらいましょう

伸びる女性は
どこが違うか

自分の意見をもつ

多くの働く女性を取材して、仕事で伸びる女性、止まる女性の大きな違いの一つは、「自分の意見をもって、それをうまく伝えられるか？」だと感じています。権力者がいる職場ほど、女性たちは意見することに保守的。「嫌われたくない」「どうせ言ってもムダ」という空気があって、自分の気持ちを押し殺してしまいます。

そんな自分の意見を言えないコドモ女子は、残念ながら、気づかないうちに他人に都合よく使われてしまうかもしれません。

仕事で伸びるオトナ女子は、そもそも「人それぞれ価値観や考え方は違って当然」と思っているので、自分の意見を率直に伝えます。対立した意見も謙虚に聞いて、違う視点を取り入れながら成長していきます。意見を言う女子は一目置かれ、信頼されるのです。

【自分の意見をもち、伝えるための三つのステップ】は次の通りです。

とにもかくにも、まずは自分の心と向き合って「自分はどう思うか？」をじっくり考えてみましょう。そして、その考えとセットで「なぜそう思うか？」と〝根拠〟を明確にすることが大事。「ただなんとなく」は、意見ではありません。たとえば、A企画、B企画があったとき、A企画がいいと考えるなら、その理由をはっきりさせることで、自分の意見が固まってきます。重要なのは「意見が正しい・間違い」ではなく、「意見をもつことそのもの」です。

❶〝根拠〟をもって「私はこう！」という自分の意見を固める

❷想定できる反論には先回りして答えを考えておく

意見を考えるとき、相手やまわりの立場になって、「どんな反論がくるか」「どんな疑問をもたれるか」と考え準備しておくと、落ちついて伝えられます。

❸「私は～と思います（結論）」「なぜなら～（根拠）」の順で伝える

1で考えたように「私はA企画がいいと思います。なぜなら～だからです」と、「結論」だけでなく、「根拠」を明確に伝えることで、意見の説得力が格段に増し、相手は「この人はしっかりと考えている」という印象をもつようになります。「意見を伝えること」は、「意見を突き通すこと」とは別。他人の意見、自分の意見をすべて踏まえて、最善の結論を導き出しましょう。

まわりに合わせるより、意見を言うほうが認められます

恐れずに
意見する

言うべきことは言う

数年前に鹿児島で田舎暮らしをしたとき、高齢の女性たちが、どんな相手にもハッキリ意見しているのに驚きました。男尊女卑の最たる鹿児島、女性たちは男性に従い、言いたいことを我慢してきたと思っていたからです。80代のある女性は、「私は若いころから言いたいことはちゃんと言ってきた。間違ったことは嫌いだから」と胸を張るのです。

それを聞いて、昔の女性たちは、表面では一歩下がっているように見えて、大事な場面ではちゃんと意見してきた。むしろ、職場などで立場が不安定になった現代のほうが、「嫌われたくない」と空気を読みすぎて、発言できなくなっていると感じたのです。

しかし、自分の意見を言わないのは、いわば、他人の奴隷になるようなもの。自分の信念ややりたいことがあっても、あきらめることになるのです。もし、「大人＝理不尽なことにも耐えなければいけない」という認識があったら、改める必要があります。自分の言

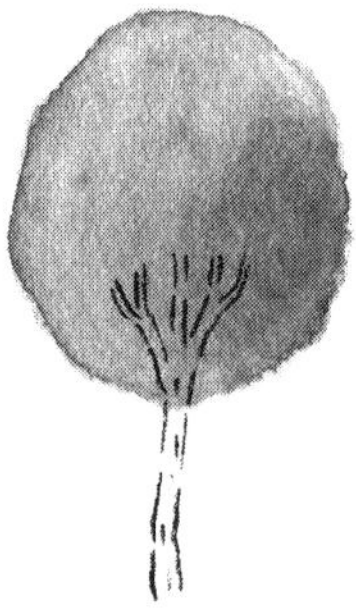

いたいことを言えないでいるのは、コドモ女子。「本当の大人＝言うべきことはちゃんと伝える」であり、オトナ女子は、自分の道を、自分でハンドルを握って進んでいくのです。

ただし、〝言い方〟は大事です。先の高齢の女性たちは、相手の気持ちを害さずに、意見を言うのが上手でした。彼女たちから学んだ**【意見をするときのポイント】**は……。

❶ 言うべきことを選ぶ　なんでも意見すればいいというものではありません。ワガママにとられ、説得力もありませんから。何か言いたくなったときは、一度、「この状況で言わなければならないほどのことか？」と自問自答してみてください。

❷ 会話のなかで、意見を伝える　改まって深刻に言うと、相手も戸惑い衝突することも。努めて明るく、「私は～と思っているけれど、あなたはどう思う？」というように、「私」を主語にして、「あなた」の意見も聞く姿勢であれば、ざっくばらんな会話として続いていきます。間違っても一方的に「あなたは～だ」と相手を否定することのないように。

❸ 「意見」ではなく、「提案」として伝える　「いい・悪い」「～はダメ」という意見より、「こうすると、よくなる」という建設的かつ具体的な提案のほうが受け入れやすいもの。相手の気持ちに寄り添い、問題を一緒に解決しようという態度で臨んでください。

☞ 言いにくいことは、大事なこと。意見を言っても嫌われることはありません

協力態勢を
つくる

女子を味方につける

前項の高齢の女性たちの人間関係で驚いたことがもう一つあります。それは、何十年も前から月1回、女子会を開いていること。だれかの家で夕方から深夜まで、お酒やお茶でひたすらおしゃべりをするだけですが、話しているうちに、お互いの状況がわかって、一緒に解決策を考えたり、助けたり、励ましたり。古来、女というものは、子を産み育て、生きるために、こうして女同士で団結し、助け合ってきたのだとつくづく思ったのです。

職場においても、能力を発揮しているオトナ女子は、女子をしっかり味方につけています。たとえば、育児や介護など仕事に影響がある場合、「お互いさま。あとは任せて！」と心強い協力態勢ができています。デキる女性上司にはたいてい、デキる女性参謀がいて、細々とした雑務を補ってくれたり、違う角度から進言してくれたりしています。

女性は自分が日陰になっても、がんばっている人を応援しようとする生き物なのです。

逆に、「女の敵は女」の対立構図ができてしまうと、仕事どころじゃありません。マウンティングして嫉妬したり、上から目線で見られたり。同性の見る目は厳しく、何かと文句をつけられ、足を引っ張られて、たいへん消耗します。私は転勤先の女性部下たちに、一斉に無視されたことがありますが、女というのは、だれかを悪者にすることで一致団結するという怖い面ももっています。誤解が解けたら、一気に協力態勢になりましたが。

女子を味方につける方法、それは「相手の話をよく聞いて、親切にする」、これにつきます。冒頭の高齢の女性たちのように、雑談でいいのです。

昨今は、仕事は仕事と割り切った希薄な関係が多いものですが、それでは相手を助けようという気持ちにはならないでしょう。ランチやお茶のときなど、おしゃべりをしているうちに、相手が喜ぶ情報を提供したり、助けたりできる部分が出てきます。仕事中、飴玉やチョコなどをあげる、ゴミを出してあげるなど、ちいさな親切で相手に〝トク〟をさせているうちに、自然に協力態勢になっていくはずです。

年上でも年下でも相手にリスペクトを示しながら、自分のダメな部分もちらりと見せて。「戦う気はないよー」「味方だよー」というサインを送り続けてください。

☞自分だけで抱えこまず、女子は「みんなで問題解決」です

円滑に仕事を
進めるために

上手に根回しをする

〝根回し〟というと、コソコソしたり、人に媚《こ》びたりするネガティブなイメージがありますが、オトナ女子は、なんの抵抗もなく根回しをします。むしろ、丁寧に時間をかけます。コドモ女子は「根回しなんかしなくても、いい案なら、みんな賛成してくれるはず」といきなり体当たりして玉砕。「なんでわかってくれないの？」と嘆きますが、どんなにいい案でも変化を起こそうとすると反対があるのは当然です。

逆の立場になると、〝いきなり〟にびっくりしたり、「事前にひと言あってもいいのに」と思ったりするもの。とくに、上司やお局《つぼね》など決定力をもつ人ほど、プライドを傷つけられたとヘソを曲げ、激しい抵抗勢力になる可能性大です。「いいか・悪いか」の〝理性〟の前に、〝感情〟で拒否したくなるのが人間。「根回し」は、そんな地雷を避けて、円滑に仕事を進めるコミュニケーションスキルであり、相手への〝思いやり〟なのです。

要は、相手の「聞いていない」「これまでのやり方を否定された」といった気分を害する部分を摘み取ればいいだけです。そんな**【オトナ女子の上手な根回しのポイント】**は……。

1 キーマンに一対一で根回し　キーマンとは、物事をうまく進めるための鍵になる人物。上司や権力者だけでなく、賛成、反対でもない中間派がキーマンになることも。二人以上いるときに話すと、空気を読み合いながら反対される可能性も高いので、一対一になれるときを狙うのがコツ。相手を尊重する気持ちを示すのですから、メールで済ますのは×。

2 「提案の説明」ではなく、「相談」という形で根回し　「私は〜と思っているんですが、これ、どう思います？」と意見を聞きましょう。一緒に考えてもらうことで、当事者意識をもってもらえ、案自体がよりよいものに発展していきます。

3 「ツッコミどころ」をなくす根回し　事前に相手の価値観や関心事を理解しておく必要があります。「利益を優先する人」なのか、「周囲の納得を重視する人」なのかなど日頃の言動から反対理由を想定して、説得材料を用意しましょう。

物事がうまくいったら、手柄を独り占めにせず、応援してくれた人に感謝を示すことを忘れずに。根回しからお互いの理解や仲間意識が生まれ、次の応援につながるのです。

☞根回し上手な人の共通点は、感謝の心があることです

だれでも
できること

仕事は丁寧にする

「好きな仕事をしましょう」とは、昨今よくいわれる言葉。もちろん、「好き」を仕事にできた人は幸せです。好きなことであれば、続けられるし、成果も出やすいでしょう。

しかし、たまたま出合った仕事をしている人のなかにも、眩《まぶ》しいほど生き生きと仕事をしている女性はいるのです。私が「本物のプロ」と感動した仕事人には、デパ地下で試食販売をするマネキン、トラックの運転手、旅館の女将《おかみ》などいろいろいますが、彼女たちは「好き・嫌い」は関係なく、仕事を「丁寧」にやってきたオトナ女子だと感じるのです。

「丁寧」のなかには「嫌だからしたくない」「適当にやればいい」といった逃げの姿勢は見えません。**あるのは「せっかくだから、いいものに」という誠実さと積極性です。**

私が仕事としてきた50職種以上のすべてでも、「好きでも嫌いでもなかった仕事」です。人の嫌がる仕事もやってこられたのは、〝我慢〟でも〝一生懸命〟でもなく、〝丁寧〟にあ

ったように思います。我慢するのは難しくても、丁寧はだれでもできますから。

「丁寧さ」のコツは、自分なりの「課題」を見つけること。たとえば、一日中ひたすら紙の箱を組み立てる作業であれば、「どれだけ美しい箱に仕上げられるか」「どれだけ時間を短縮できるか」という課題をつくり、ゲームのように挑戦します。どんな平凡な仕事も、逆に難題の仕事も、「せっかくだから、ベストなものにしよう」と取り組んでいると、すぐに夢中になり、あっという間に1日が終わってしまいます。

私は、たとえお金のための仕事であっても、「8時間だけ、我慢すればいい」と時計を見ながら過ごすような、雑な仕事の仕方が苦痛でなりません。それは雑な時間の使い方でもあり、人生の時間をムダにしているように思えてならないのです。

結果はともかく、目の前の一つひとつの仕事を丁寧にしていれば、多少なりとも満足感や充実感があります。「丁寧な力」は仕事の〝胆力〟になり、根拠はなくてもゆるぎない〝自信〟となって、つぎつぎにやってくる仕事を下支えしてくれるのです。

丁寧に仕事をしてきた人、雑にしてきた人の差は、10年、20年と経つほど歴然としてきます。仕事を極めようとする力は、いずれ圧倒する力となって現れてくるはずです。

「丁寧」に仕事をすれば、「仕事が嫌い」というストレスがなくなります

ズルい人にならない

ルールや仁義を尊重する

〝ズルい女〟って、どこにでもいるもの。ちいさなことでいえば、タイムカードの時間をずらして押したり、飲み会で集金した余りをくすねたり、自分の仕事を人に押しつけて、手柄を横取りしたり。「私、要領がいいって自負してます」なんて勘違いコメントをしているコドモ女子に、日頃ムカムカしている人も多いでしょう。

責任のある立場の人の公私混同や職権乱用、責任転嫁もよくあること。世の中、悪賢い人がズルく立ち回って得をし、正直で真っ当に生きている人が損をしているようで、「私もちょっとくらいズルしてもいいか」という気分になるかもしれません。

でも、ちょっと待ってください。ズルはやっぱり「セコい」女子がやることです。

ズルい人は、目の前の一瞬の損得しか考えていません。自分だけが少しでも得をしよう、ラクをしようという損得勘定を優先して、人生でいちばん大切な「信用」を失っているのです。

「ルール」や「仁義」を大事にしない人は、恨みを買ったり、失望されたりして、人生において大損をすることになります。フリーライターの知人は、恩人の仕事をドタキャンし、ギャラの高い仕事をとったために、のちに安いギャラの仕事さえ来なくなり、廃業。また、ホステス同士には、他店の子が飲みに来たら、その店にお礼に飲みに行く暗黙のルールがあるといいますが、それを守らない人は、夜の世界で孤立することもあるとか。

「ルール」や「仁義」は、人が尊重し合いながら生きるために、人としてあるべき原理原則。**時代や環境が変わっても、原理原則さえ守っていれば、悪いことにはなりません。**

ハッキリしている「ルール」だけでなく、あいまいだけれど、相手が嫌がることをしない、礼儀としての「仁義」こそ、仕事では大事。そんな暗黙のルールをちゃんとわかって振る舞うのがオトナ女子であり、長期にわたってまわりから信頼され続けるのです。

ズルいことをしても、大した得にはなりません。他人がどうあろうと関係なく、「自分はどう振る舞うか」という自分なりの道徳や倫理をもってください。セコい策略にかまけている暇があるのなら、目の前のやるべきことをやればいいのです。

目の前の結果より、「自分がどうあるべきか」という振る舞いのほうが大切です

自分を高めていくこと

5年後、10年後を見る

「年をとると本当に仕事がなくなる。年齢制限で引っかかるんだもの」

そう嘆く女性は多いものです。「再就職したいけれど、結婚前にやっていた事務職の求人は、若い人優先で……」「デキる後輩に仕事を奪われた」なんて人もいます。

「仕事がない」「仕事を奪われる」と不安になるのは、若い人と同じ土俵で戦っているからかもしれません。現場の仕事は、使い勝手がいい若者が求められるのは当然です。

そこはオトナ女子のいる場所ではありません。「社会が女性に求めている役割」は、年齢によって違うのですから、大人はその年齢、その年齢に合った働き方をしなければ。

女性は、だてに年を重ねているわけではないのです。だれでも、かならず積み重ねてきた知識や経験、スキルがあります。「10年間、主婦でほぼ働いていない」という女性でも、ネットオークションの経験と、ママ友の人脈を生かしてセミナーを開いたり、ブログを書

いて本にしたり。コミュニケーション能力を生かして、60代から婚活アドバイザーとして働き始めた知人は、顧客から「お母さんみたいで安心感がある」と好評のよう。

40代50代になってから、これまでやってきたこと、好きなことに、資格や新しいスキルを加えて、さらなる高みを目指すのもあり。料理やお菓子作りが好きで、古民家カフェを開いた女性、ヨガのインストラクターの資格を取って、中高年向けの教室を開いている女性もいます。40代で日本語教師になった女性は大学、専門学校から引っ張りだこ。「自分ができること」と「社会に求められること」の交わった点が仕事になるのです。

大事なのは、5年後、10年後を見据えて、自分を高めていくこと。会社で働いていても、リーダーやマネジメントなど求められる役割は変わってきます。目の前のことをやっているうちに「こんな仕事もやってみる?」と挑戦のチャンスがやってきて、自然に新しい扉が開かれていくこともあるでしょう。オトナ女子の仕事は〝量〟より〝質〟で勝負です。

女性にとって、仕事は洋服のようなものかもしれません。その年齢に合った服が女性を輝かせ、いくらでも取り替え可能です。年齢にそぐわない服は捨て、新しい服を手に入れるために、少しずつ「自分ができること」を重ねていきましょう。

仕事をなくしても、何かしらやれることはあるはずです

挑戦そのものを喜ぶ

チャンスが来たら飛び乗る

仕事がよくできる女子たちに、リーダーや新しい仕事を任せようとすると、急に「私にはムリです」と逃げてしまう……と、管理職から聞くことがあります。道なき道を切り開いてきたある女性管理職は、「男だったら、どんな仕事も断れない。ムリって言葉は、『やりたくない』って言っているのと同じ。子どもみたいよね」と、ため息をつくのです。

新しい挑戦に消極的になるのは、わからなくはありません。たいへんそう、うまくやれそうにない。だから「背伸びをせずにラクな道を行こう」という選択肢もあるでしょう。

ある友人も20代のころ、「プライベートも充実していて、そのうち結婚する予定なので、仕事はそこそこでいいです。がんばっても、がんばらなくても、給料や評価は変わらないですから」なんて言っていました。

ところが、数年後。恋人と破局して、「どうして結婚ありきで自分の人生を考えてしま

ったのかと思います。ぬるま湯の仕事はつまらない。自分がどこまでできるか、冒険してみたくなりました」と、社内の海外研修に立候補。そして、どんな仕事でも「やります！」と応えているうちに、海外支店を任されるまでになりました。

彼女いわく、「毎日が身の丈よりも上を目指す背伸び」。**そんな背伸びを繰り返すうちに、実際に背が伸びて、高いレベルの仕事に手が届くようになったのでしょう。**

伸びるオトナ女子の共通点は、目の前にチャンスが来たら、「やります！」「やらせてください」と即、それに飛び乗ること。楽観的に挑戦そのものを喜ぶこと。対して、成長が止まるコドモ女子は、悲観的に〝結果〟を考えて、チャンスに飛び乗れないのです。

でも、大丈夫です。声をかけてもらうということは、それだけの力が備わっていること。大抵のことはどうにかなります。たとえうまくいかなくても、大したことにはなりません。「なるほど、この方法ではうまくいかないのだ」という学びを得て次に進めばいいのです。

自分のもっている力を試してみることほど、楽しいことはないでしょう。能力は、使ってみなければ、それがいかほどのものか、自分でもわからない。いくつになっても挑戦する女子が輝いて見えるのは、そんな自分の進化を実感しているからだと思うのです。

挑戦することで〝成功〟できるとはかぎらないが、かならず〝成長〟はできます

ゆっくりでも
休んでもいい

マイペースで働き方を選ぶ

台湾のある保険会社を訪問したら、60代の女性支店長があまりにも美しくて、思わず、「どうしてそんなにおきれいなんですか?」と訊いてしまいました。おしゃれで、上品で、ハツラツとしていて、眩しいほどの笑顔。まるで女優のようなオーラがあったからです。

「そうだとしたら、仕事をしてきたからよ。女は仕事をするほどきれいになれるの。人の力になれることが増えると、自信をもてるようになるでしょう?」

衝撃的な言葉でした。経験も含めて日本の女性たちは、働くほど疲れていく気がしたからです。そして、その違いは、〝マイペースさ〟なのではないかと膝を打ったのでした。

台湾は、おそらく女性活躍においては、東アジアで最先端。結婚、出産をしても、専業主婦という人は皆無です。「家族の一員、会社の一員といった道と並行して、一人の人間としての一本の道がある」と、それぞれがマイペースで自分の道を極めていきます。

先の支店長も、若いころは「育児を楽しみたい」と仕事のペースを落としたり、昇進しながら経済や英語を学んだり。毎日の生活も、夜1時間のウォーキングや料理などの時間を確保……と、つまり、〝自分〟のペースで、働き方を選んでいるのです。

日本の女性たちは、マイペースが難しい環境かもしれません。それでも、自分のなかに「どう生きたいか」という軸をもっていれば、自然にそんな道を選ぶようになります。社会のスピードに合わせているだけでは、ヘトヘトに疲れてつぶれてしまうでしょう。

台湾のオトナ女子たちから学んだ、マイペースである方法が、二つあります。

まずは、完ぺきを目指さないこと。丁寧であることは大事ですが、すべてを完ぺきにやろうとすると、つねに減点をしながら自分を見ることになります。「これができるようになった」「1年前より成長した」と、自分のなかの〝加点部分〟に目を向けましょう。

二つ目は、自分の人生に、他人との「比較」や「競争」をもちこまないこと。他人がどうであろうと関係ありません。他人の考える幸せではなく、「どんな状態であれば自分は幸せや喜びを感じるのか」を軸にしてください。ゆっくりでも、休んでも、自分の道を進んでいる女性には、かならずそれだけの場所と役割が与えられるのですから。

そもそも、人生に競争などありません

一流の人ほど
大切にする

基本を大事にする

ベテランほど、仕事の基本をおろそかにしてしまう傾向があるものです。
たとえば、ほとんどの仕事は「上司の指示を正確に理解する⇩期限内に終わらせる⇩報告・提出する」という基本の流れです。が、慣れとは怖いもの。指示を適当に聞いて進めたり、「これくらいならすぐ終わる」と先送りしてしまったり、報告を怠ったり……と面倒がって手を抜くから、ミスや失態につながり、かえって面倒なことになるわけです。
また、「スピードや効率化を重視したいから」「一味違った仕事にしたいから」といった理由で、勝手に応用して、小手先のテクニックに走ってしまうこともあります。
私にもそんなことがありました。講演をもっとインパクトのあるものにしなければという焦りから、あれこれと話す内容を詰めこみすぎたり、パワーポイントで資料をつくることに熱中しすぎたり。すると、講演を始めた最初のころよりも聴いている人の反応がよくない、自分でも満足できない結果になり、さらに焦る……という悪循環に陥ったのです。

そんなとき、何千回と講演をしている作家の大先輩から、講演前にはかならず内容を原稿にし、時間配分を考えながら、ゆっくり語りかけるようにリハーサルをしていると聞きました。たしかに、講演本来の目的を考えると、**下手なことをするよりも、「わかりやすい言葉で話す」「聞きやすい流れにする」といった基本のほうがずっと大事。**基本さえしっかりとできれば、自信をもって話すことができるのです。

「なぜかうまくいかない」という壁にぶつかったときは、基本に立ち返ってみるとき。大事な手順を忘れていることや、本来の道から外れていることに気づくはずです。

一流のスポーツ選手は、毎日の基礎トレーニングを愚直にやります。一流の料理人は、道具の整理整頓を日々欠かさずにするでしょう。彼らは、基本を大事にすることが最高のパフォーマンスを生み出す、いちばんの近道だと知っているからです。

基本を丁寧にやり続けるか、手を抜くかが、仕事人としての分かれ目。どんな仕事も、あたりまえの基本で成り立っています。「そんなのあたりまえでしょう！」ということを、あたりまえにするオトナ女子が、謙虚に成長を続け、まわりからの信頼を得るのです。


仕事の土台づくりをコツコツしていれば、結果はついてきます

引き立てられる人

人の花を奪わない

多くの女性社長や、女性管理職を取材して気づいたことの一つは、彼女たちはけっして「私が、やりました！」「私がいちばん」と前に出るタイプではなく、「人に花をもたせることができる人」であったことです。といっても消極的なわけではありません。自分の意見はしっかりと言うけれど、必要とあらば相手に譲ったり、脇役に徹したりすることができる大人の女性なのです。

通販会社を女性数人で立ち上げ、大きくした女性社長は、「社長になりたかったわけじゃないんです。ほかにやってくれる人がいたら私はサポートに回ってもよかった。みんなからこの役割を与えてもらったと思っています」と一歩下がった姿勢。会社が成長したことも「優れた人材がいたからです」と部下に花をもたせるのです。

対して、「私ってすごいでしょう？」「私、がんばっているでしょう？」と人が認めてく

れないと気が済まないコドモ女子がいるもの。彼女たちにとっては、「自分が花をもつこと（認められること）＝自分の価値」。縁の下の力持ちになるような地味な仕事をさせられたり、手柄をもっていかれたりすると、「自分ばかりソンをしている！」とむくれてしまいます。

自分が花をもつ役ではなく、花をもたせる役に回ってみてください。自分は目立たなくなりますが、**花をもらった人にとって、あなたは目立った特別な存在になる**でしょう。

すると、自分から前に出なくても、自然にまわりから引き立てられるようになるのです。人に花をもたせることが自分の喜びになれば、１００人の味方ができたも同然です。

オトナ女子は、いつも自分が自分の人生の主人公だと思っていて、「ナイス・アシスト！」「よくやった！」と自分に花を贈っているので、脇役でも自分の価値がゆらぐことはありません。

それに「自分ばかりソンをしている」と思うような状況でも、そこにはかならず「トクしていること」もあるもの。どちらにフォーカスするかで、世界の見え方はまったく変わってきます。オトナ女子は、ちいさな損得よりも大きな信頼を得ることを選びましょう。

花をもらう人ではなく、花をプレゼントできる人が愛されます

第五章

暮らし

自然体で豊かなオトナ女子

丁寧な暮らしとは？

がんばらなくてもいいようにする

「丁寧な暮らし」というのは女子にとっての憧れ。自家製の味噌をつくったり、ベランダでハーブやプチトマトを栽培したり、お風呂で半身浴をしながら読書をしたり……と、ヘルシーでゆったりとした暮らしをする女子は、「女子力が高い」と思われるものです。

しかし、ほとんどの働く女子たちは、「丁寧に暮らしているヒマはない！」と思っているのではないでしょうか。丁寧な暮らしが雑誌やＳＮＳなどで紹介、称賛されるほど、「丁寧な暮らし＝幸せ」の呪縛が女子を苦しめているように思えてならないのです。

私自身も長い間そうでした。ズボラな性格のうえに、毎日長時間働いていれば、部屋は散らかり、料理も手抜きで、丁寧な暮らしとは程遠い状態に……。

そこで、実際に国内外の丁寧な暮らしをしているオトナ女子たちを取材したところ、彼女たちに共通していたのは、次の二つの〝哲学〟でした。

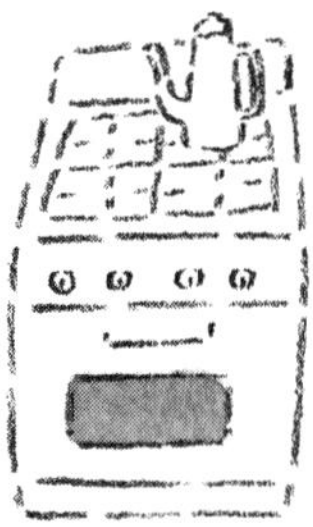

「できないことを手放す」「まわりに振り回されない」

つまり、素敵なライフスタイルをがんばって実現しているのではなく、がんばらなくてもいいように、ムダをそぎ落としているから、丁寧なことも続けられるのです。

私たちの生活は、大量の情報が流れてくるために複雑になりました。たとえば、だれかのやっている「丁寧な暮らし」のコピーをすることや、キャラ弁をつくること、ネット通販でポチッと押すこと、ＳＮＳで他人の生活に「いいね！」を押すことなど、まるで急《せ》かされるように「もっと、もっと」と求めてしまうから、時間と心の余裕がなくなるのです。

人それぞれ、好きなものや、「ここは丁寧でありたい」部分は違うもの。丁寧に暮らしている人は、丁寧でありたい部分を丁寧に厳選して、あとは手放している人たち。「おいしい」「楽しい」「心地よい」といった喜びの感覚を軸にして、自分らしい暮らしを実現している人たちです。まわりに流されず、「私はこれで十分」という満ち足りた生活があるから、生き生きとして、明るく、きちんとした印象になるのです。

どうやら新しい情報を仕入れることよりも、私たちがこれまで大事にしてきた過去の習慣のなかに、豊かさのヒントはあるようです。この章ではそれをご紹介していきます。

丁寧な暮らしはムダをそぎ落とすことから始まります

自然なもの
不自然なもの

旬の野菜を知っておく

「キュウリは、年中、サラダの定番」「クリスマスケーキには、イチゴが必須です」なんて言っている女子は、その〝不自然さ〟に気づきましょう。

キュウリは盛夏、イチゴは春が旬。ハウス栽培や冷凍保存で一年中ほしい食材が手に入るので、「旬の食べ物」という考え方が薄れているのかもしれません。

大人であれば、最低限、季節の野菜を知っておいてください。「いまが旬」と呼ばれる食べ物はいちばん栄養価が高く、いちばん味が濃くて、自然の恵みをぜいたくに味わえるだけでなく、次のようにその時期の体が欲する栄養素が詰まっています。

春：山菜独特のアルカロイドという苦味が冬の間に体内にたまった老廃物を排出する
夏：キュウリ、なすなどは水分やカリウムが多く、体を冷やし利尿を促す
秋：じゃがいもなどはエネルギー源となる糖質を多く含み、寒い冬にむけての体をつくる

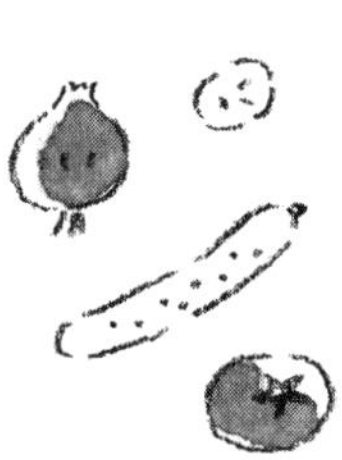

冬…ごぼう、にんじん、大根などの根菜類はビタミンCやEが多く、体を温めてくれる

日本には「身土不二《しんどふじ》」という考え方がありました。「身体（身）と環境（土）はバラバラではありませんよ（不二）」という意味で、**地元の旬のものは、そこで暮らす人にとって、もっとも適したものであるということ。**植物は太陽の光をふんだんに浴びて葉を茂らせ、どっしり根を張り、土から水分と栄養素を吸収して実をつけます。それを食べる私たちも、自然の一部であることに気づかされます。

また、先祖が何百年、何千年と食べてきた伝統食は、消化、吸収しやすいようにできています。ご飯、味噌汁、煮炊きした野菜、調味料は味噌、醤油、自然塩などが基本です。

旬の食べ物を知ることは「自分の体を自分で守る」という自立した考え方につながります。10代20代は、何を食べてもおいしいものですが、その時期から、口に入れる食材はよく選んでほしい。女性の病気が急激に増えているのも、防腐剤や添加物も含めて〝不自然なもの〟が体に入ってきたことが影響していると思えてなりません。

難しいことではありません。オトナ女子は体に合うものを食べる、不自然なものは食べないという食の原理原則に従えばいいのです。

日本の伝統食は「身土不二」の原則に沿った食事です

大人の"養生"

八分目で暮らす

80代で元気ハツラツの女性に健康のヒケツを訊いたら、こんな答えが返ってきました。

「腹八分目。よく嚙んで食べること」

肉や魚、スイーツなどなんでも食べるけれど、一定の量までくるといつも「もういいわ」と終了。80代では八分目がちょうどいいらしく、どれだけ残っていても手をつけないとか。

これこそオトナ女子の〝養生〟というものでしょう。自分自身への感覚を研ぎ澄ませて、「はい、そこまで！」とストップをかける習慣が必要です。ついうっかり「おいしいから食べすぎた」「余りものを食べすぎた」という事態に陥りかねませんから。

江戸時代の儒学者・医学者、貝原益軒《かいばらえきけん》が著《あらわ》した『養生訓』には、「腹八分目が適量」とあり、「怒ったり、心配をしたりして食事をしてはいけない」とも書かれています。ストレスがあると、やけ食いをしがちなのは、いまも昔も変わらないようです。

「腹八分目に医者いらず」という諺がありますが、科学的にも腹八分目が健康によく、長生きする効果は証明されているとか。食べすぎると、胃腸が疲れて体が怠《だる》くなったり、代謝が鈍って便秘や吹き出物の原因になるのは、多くの女性が経験していることでしょう。

食事を腹八分目でストップするには、「ゆっくり、よく嚙んで脳に満腹を感じさせる」が基本。食材をちいさくして口に運ぶ、一口ごとにお箸を置いて時間をかけるのもあり。

毎日の生活では、食事だけでなく、何事も「すぎないこと」が大事です。

「飲みすぎない」「がんばりすぎない」「言いすぎない」「考えすぎない」「依存しすぎない」……というように。自分の「ちょうどいい」「ほどほど」という感覚を知ることが、毎日の心地よい暮らしになっていきます。

日々の運動も勉強も仕事も「あとちょっとできるけれど……」というところで止めるのが長続きのヒケツ。限界までやってしまうと、燃え尽き症候群のようになりますから。

自分を天井からモニタリングしている「もう一人の自分」をもつことも一つの方法。流されそうな自分を冷静に見つめ、「はい、そこまで！」と声をかけてあげてください。

大切なのは「ほどほど」。自分にとって適切な量を知ることです

モノを手放す基準

使わないモノは、どんどん手放す

賢明なオトナ女子は、年齢を重ねるほど、モノを手放すことを意識し、実行します。不要なモノをもっていると、心がそれにしばられ、不自由になってしまうからです。

雑然としたモノのなかで暮らしていると、それだけで心がざわざわして落ち着かなくなりませんか？　たとえば、使っていないモノが置かれているだけで「片づけなくては」「手入れをしなきゃ」「探し物が見つからない」「捨てるにも手間がかかる」と無意識に心の負担になっているもの。モノを管理するために場所も時間も必要になるでしょう。

オトナ女子は、モノよりも、ゆとりある気持ちと時間、空間を優先するのです。

人間が情報を処理できる容量は、何万年も前から変わっていないといいますが、これほど多くのモノや情報に囲まれて生きているのは、ここ数十年のこと。それらを増やしすぎると、パソコンがフリーズするように、頭のなかも、精神的にもキャパを超えてしまいます。

モノを手放した空間では心がすっきり軽くなり、〝いま〟に集中できるのを実感するはずです。大切なモノが見えてきて、それを大切にできるようになります。

モノを手放せないコドモ女子は、それが「もったいない」「高かった」「いつか使うかも」と、まだ〝価値あるモノ〟として見えているからでしょう。

しかし、「いま使っていないモノ」の〝いつか〟は永遠にやってこないのです。

モノを手放す基準は、「収納スペースをオーバーしたら手放す」「一つ買ったら古いモノは手放す」「目ざわりなモノ、合わないモノは手放す」などいくつかありますが、私はよく「1年使わなければ手放す」を実行しています。服などはまだ利用価値があるうちに手放すので、「捨てる」ではなく、「喜んでくれる人にあげる」「中古服のチャリティショップに提供する」ということがほとんどです。また、本や文具、雑貨など踏ん切りがつかないものは、紙袋などに入れて「6カ月後、○月○日までに開かなかったら手放す」と書いて置いておきます。が、ほぼ、その存在すら忘れています。

愛とは、心にかけることであり、存在すら忘れているモノに、もはや愛はありません。役目を終えたモノとして「ありがとう！」とお礼を言って、手放してください。

モノを手放した空間では、心がすっきり軽くなる

自分でできること

あるもので工夫をする

田舎暮らしで感動したことの一つは、そこに住む人たちの「あるものから工夫して生み出す力」でした。虫刺されの薬、化粧水、石鹼、オイルヒーターなどはつくれるのでわざわざ買わなくてもいい。エコで体にやさしくて、オリジナリティあふれるものに、しみじみ満ち足りた気分になったものです。

猛暑で扇風機を買おうとしていたところ、「朝夕、打ち水をすれば気温が下がる」「風の通り道にデスクを移動すればいい」「首を冷やせばいい」などのアドバイス。「たしかにそうだ」と納得すると同時に、安易に買って解決しようとする自分を恥じたのでした。

忙しい現代社会では、手作りをする時間はなく、お金さえ出せば、なんでもそろいます。それでも、あるもので工夫する余地は、たくさんあるはずです。

たとえば、スーパーに行くと、ドレッシング、鍋用のスープ、ステーキソース……と、

ありとあらゆる調味料が売られていますが、料理ごとに買っていると、キッチンは使いかけのボトルだらけになるでしょう。味噌、醤油、塩、オリーブオイルなど安心できて、お気に入りの最低限の基本調味料をそろえ、自分なりにつくったほうが料理の幅も広がります。

レシピ本を見て「これがなきゃつくれない！」と材料を買いに走る女子よりも、冷蔵庫にあるものでぱぱっと工夫してつくる女子のほうが女子力の高さを感じるでしょう。

百均ショップに行くと、便利な調理グッズや収納グッズ、掃除グッズなどを買ってしまいそうになるもの。**でもそこで、「ほかに方法はない？」と考えるクセをつけてください。**

身のまわりに置くモノは「役に立つモノ」「お気に入りの美しいモノ」だけにしぼりましょう。モノには波動があるもの。安っぽくて適当なものが身のまわりにゴロゴロしていると、自分もそれに合ったオーラを放つようになってしまいます。

先のオトナ女子たちは、「どうすればもっとおいしくなるのか？」「もっとラクにできる方法は？」と日々暮らしを工夫しているので、80歳を過ぎてもしゃんとしています。何かに安易に頼ろうとすると、人間の機能は途端に衰えてしまう。「自分で自分の暮らしをよくできる」という自信は、寿命を延ばしてくれると思うほどです。

工夫する力とは、生きる「たくましさ」です

安い・高い
以外の判断基準

「安いから買う」をやめる

かつて衣料品チェーン店の店長をしていたとき、上司からよく言われていたのは、「買い物の9割は衝動買いだ。衝動を起こす売り場をつくれ」ということ。

そこで、私はレジまわりにセール品のワゴンを設置。レジに並んでいる人たちはそれを目にして、「安くなっている⇩ラッキー！⇩使えるかも」という流れで罠《わな》にはまってくださるのです。お客様は、お金を節約できた気分になってくれたかもしれません。

しかし、申し訳ありません。本当に節約するなら、「買わないこと」がいちばんです。

「安いから」という理由で買ったものは、タンスの肥やしになることがほとんど。適当に選んだものはあまりなじまず、だんだん使わなくなる……というパターンをたどります。品質のいいものであれば、リサイクルに回していくらかお金の回収ができますが、安価なものはそれもできないでしょう。結果、それに代わるものをまた買うことに……。

つまり、**「安いから買う」がいちばんソンをして、いちばん高くつくのです。**

そして、オトナ女子であれば、「どうして安いのか」という点にも目を向けてください。

たとえば、ファストフードやファミリーレストランでは、安価でそこそこおいしいものが食べられます。自炊をするより安いのでは？と思うほどです。

でもそこには、安いだけの理由があります。安い原材料を輸入する、体裁を整えるために添加物をあれこれ使う、安い人件費で従業員を使い倒すなど、生産工程のどこかで、消費者が払う分の代償をだれかが支払っているのです。「安いから買う」という行動は、この「大量生産・大量消費」のシステムに1票を投じていることになります。

大量生産の恩恵にあずかっていることは認めるとして、消費者として、そればかりではつまらない。週末に外食をするなら、ファミリーレストランに週1回行くのではなく、2週間に1回にして地元のおいしい個人店に行きましょう。また、ソファーが必要なら、とりあえず安いものを買うのではなく、時間がかかっても貯金をして、気に入ったものを手に入れましょう。「安い・高い」で判断する買い物は、自分の価値を下げることになります。

魅力的な人になるために、魅力的な消費をしようではありませんか。

安いものは結局、自分がその程度のものになじんでしまうことになります

顔見知りになるポイント

行きつけのお店をもつ

「行きつけのお店」というと、男性が会社帰りに寄る居酒屋やバーというイメージですが、女性も、気楽に立ち寄れて、会話を交わせる場所をもちたいものです。ふらりと入ってカウンターに座り、軽い食事をしながら、店主と世間話を少しだけして帰る……というだけで、癒されたり、気持ちがリセットされたりと、心に潤《うるお》いが出てきます。

引っ越しの多い私は、その土地、その場所で、行きつけのお店をつくってきました。お酒が飲めないので、カフェ、スペイン料理店、定食屋など、もっぱら食事をするお店ですが、地元の情報を教えてもらったり、同席した客と知り合いになったり、お店の常連とほかの場所でばったり会ったりして、その土地にいくらかなじめている感覚になります。

それに、友人に「行きつけのお店に行かない？」と誘えるのは、オトナ女子としてかっこいいではありませんか。いい席を準備してもらったり、デザートを特別バージョンで出

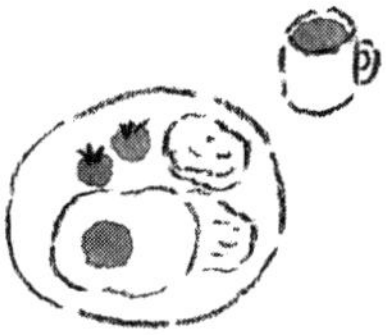

してもらったりと、ちょっとしたサービスをしてもらえるのもうれしいものです。

顔見知りになるポイントは、まず、一人でも気軽に行けそうなお店を選ぶこと。カウンターなど話ができるような場所に座ること、最初のうちは「お気に入りのお店」としてあまり間を空けずに通うこと。料理やインテリアのことなど、なんでも質問すること。あとは、こちらが親しみをもって笑顔で接していれば、そのうち自然と言葉を交わすようになり、顔なじみになっていきます。

飲食店以外でも、美容室、ジム、八百屋、花屋など親しんでいるお店があると、心強い。私は、長年通っているセレクトショップのベテランスタッフから「今年はこんなスタイルに挑戦してみませんか？」とアドバイスをもらったり、八百屋さんに野菜の茹《ゆ》で方や保存方法を聞いたり……と、プロとしての知恵を拝借しています。

「行きつけ」というのは、すなわち、〝信頼〟と〝安心〟なのです。地域のつながりや、親戚づき合いがだんだん薄れ、仕事の人間関係も割り切ったものになってきた現代社会で、人と接する場所はとても重要。とくに年齢を重ねるほど、そんな場所を確保しておきたい。

1軒でも行きつけのお店があると、いろんな意味で楽しく、支えになってくれますから。


行きつけのお店では、普段は聞けない、耳寄りな情報を仕入れることができます

人と一緒に食べる

「食べる時間」を共有する

養子を含めて子だくさんの父親である俳優が、「毎日、一緒にご飯を食べていたら、子どもは悪い方向にはいかない」というようなことを言っているのを聞いて、激しくナットク。私たちが「家族や友人と一緒にご飯を食べる時間」を軽視してきたために、子どもも大人も孤独になって、その影響がさまざまなところに出ていると感じていたからです。

かつての日本では1日1回は家族で食卓を囲んで、その日の出来事を話す習慣があったものです。子どもは、いつも家族が見てくれているという安心感がありました。

しかし、現代の家族は、父親は残業、子どもは塾や習い事と時間が合わず、たいへん忙しい。それぞれ一人で食事をしたり、お弁当やインスタント食品で済ませたりすることも多くなりました。一緒に食事をする時間ができても、テレビやスマホの画面を見ていて、会話がないこともあります。一人のほうが気楽でいいという人の気持ちもわかります。

しかし、本当の安心感とは、人と人の間からしか生まれないのではないでしょうか。

世界を旅して、アフリカの貧しい地域でも、欧米の経済的に豊かな国でも、だれもがいちばん幸せそうに笑っていたのは、家族や友人との食事の時間でした。「食事は人と一緒に食べることが重要」と考えている人々は、父親が仕事で遅くなっても家族みんなで待っていたり、独身であっても、毎週末、決まったメンバーで集まったり。「先週話していたこと、どうなった？」とお互いの生活や人生の〝ストーリー〟を共有するので、自然に相手のことを思い、連帯感もできていくのです。

30代で未亡人になった台湾の友人は、毎週土曜日は子どもたちを連れて、義理の両親と食事をする習慣がありました。十数年前に息子を事故で亡くした両親にとっては、かけがえのないひととき。子どもたちも祖父母の愛情を感じながら育っているのです。

自分のことだけでなく、まわりの人生にも心をかけている人は、大人だと感じます。

「一緒に食べる時間」を大切にしましょう。家族と食事をするときはテレビを消しておしゃべりを楽しみましょう。職場のランチタイムは同僚と世間話でもしてたくさん笑いましょう。オトナ女子は、まわりに孤独な人をつくってはいけないのです。

笑顔とおしゃべりがいちばんのご馳走です

達人から
学んだコツ

気楽なホームパーティをする

友人や仲間を自宅に招いて、わいわいと料理とおしゃべりを楽しむホームパーティは、女子の憧れ。ですが、いざパーティを開くとなると、料理はもちろん、空間を素敵に演出できるか、お客様に楽しんでもらえるかなど、気が重くなってしまうかもしれません。

しかし、私が「ホムパの達人！」と尊敬するオトナ女子の特徴は、「これでいいんだ」と思うほど、肩の力を抜いて簡単にやっていること、招いた本人が大いに楽しんでいることです。月2～3回ホームパーティを開いている友人は、「日常的に家に人を招きたいと思ったら、がんばりすぎないこと。次の来客が億劫にならないように、準備やおもてなしは気楽にできる範囲で工夫すればいいの」。

たしかに、彼女のおもてなしは、徹底して合理的。押さえるところは押さえているけれど、手間と時間のかからない工夫がされているのです。

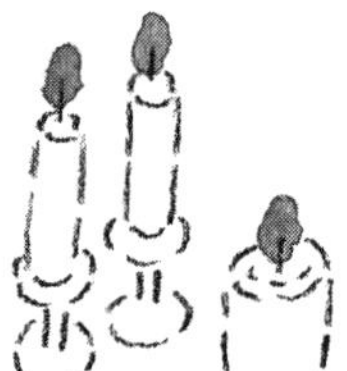

達人たちから学んだ【ホームパーティを楽しむコツ】は……。

❶簡単なおもてなし料理をもっておく

「これは外さない」という得意料理をいくつかもっておくと、準備もパターン化されてラク。パエリア、天ぷら、ローストチキンなど毎回一品だけで勝負している達人もいます。手巻き寿司やバーベキュー、鍋などのメイン料理は、おいしくて簡単、失敗がないうえに、一緒にわいわいつくる楽しさもあります。

❷ゲストをパーティ準備に巻きこむ

招待される側は「手土産をどうしよう」と悩んでいることが多いもの。「ワインを各自1本もってきて」「チーズとパンを買ってきて」などと明確にお願いすると、ゲストも当事者意識をもってホムパを盛り上げてくれます。手作りにこだわらなくても、「お惣菜を一品ずつもち寄りましょう！」という手もあり。

❸パーティのテーマを決める

「秋の食材を楽しむ会」「ラテン音楽を聴く会」「サンドイッチでランチ会」などテーマを決めると、それに沿った食材が集まって、準備もラク。季節の飾りつけをする、花を飾る、アロマを漂わせる、キャンドルを灯《とも》すなど、ちょっとした空間の演出をするのも楽しいものです。パーティの本来の目的は評価されることではなく、純粋に楽しむこと。そのためにはどんどん手を抜く知恵が必要なのです。

☞オトナ女子は、がんばるのではなく、「楽しむ知恵」で勝負です

大人なら知っておきたいこと

季節の行事を楽しむ

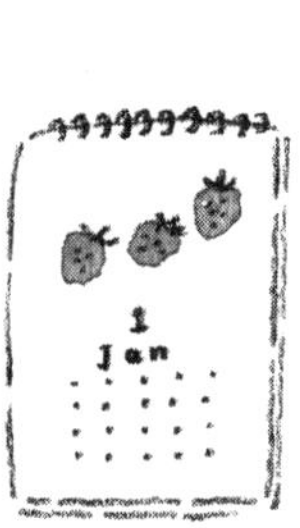

友人の家に泊まりに行ったとき、「今日は冬至だから、柚子風呂に入って体を清めましょう。風邪の予防にもなるのよ」と、お風呂に柚子を浮かべてくれました。

彼女は一人で暮らしていても、正月飾りをして7日は七草がゆを食べ、立春には厄除《やくよ》けに「立春大吉」と書いた紙札を鬼門に貼り、桃の節句はちらし寿司をつくり……と、季節の行事を大事にしていて、一緒にいると、こちらまで豊かな気持ちになってきます。

大人であるなら、四季折々の行事をきちんと理解しておきたいと思うのです。

日本人の多くは、クリスマス、ハロウィン、バレンタインなど海外の行事を真似することには熱心ですが、その意味をあまり理解していません。ただ、みんなと同じことをすることだけに翻弄《ほんろう》されているのは、子どもっぽくありませんか？

私たちのなかには長い年月をかけて受け継がれてきた季節の習わしがあり、それには深い意味があります。たとえば、冬至は1年でもっとも昼が短く、夜が長い日。この日を境に明るい時間が長くなることを考えると、なんとなくいいことが起こる兆《きざ》しのように感じられます。

それは昔の人も同じで、冬至は運気が上がり、物事がよい方向に動き出す日だと考えられていました。柚子風呂に入るのは、そんな明るい1年の始まりに、邪気を払うみそぎなのです。

また、古来、日本人はいつもの単調な日常を「ケ」の日、お祭りや年中行事を行う日を「ハレ」の日と呼んで、日常と非日常を使い分けてメリハリをつけていました。「ケ」の日常があるから、「ハレ」の喜びもある。それは、物事には光と影があり、「いいことばかりもよくないことばかりも続かない」と心を平穏に保とうとする価値観にも影響しています。

季節の行事を「どんな意味があるんだろう?」と考えると、その日を噛みしめるように味わって過ごすようになります。それが豊かな季節をいとおしむ感性や、自分を深く理解する知性にもつながり、オトナ女子の奥深い魅力となっていくのです。

年中行事を楽しむことは、家族や地域、友人との交流にも一役買ってくれます

感謝して
自分を守る

体の声に敏感になる

体はいつも私たちにメッセージを送ってくれています。最初のメッセージは、「なぜかイライラする」「仕事に行きたくない」といった心の状態です。でもそこは、「甘えちゃいけない」とスルーして過ごす人が多いでしょう。すると、次は「胃が痛い」「肩が凝る」「疲労が激しい」と体の不調としてメッセージが送られてきます。それでも、薬やドリンク剤を飲んで乗り越えるかもしれません。そんなふうに体の声を無視しているうちに、ある日突然、「もうやめてー！」と言わんばかりに壊れてしまうのです。「壊れる」とは、体や心の病気になること。最後は荒っぽい方法でメッセージを送ってくるのですね。

人間の体は神秘。何かのバランスが欠けると、体のどこかに影響が出てきます。体の不具合は、何かを教えて、自分を守ろうとする働きなのです。

だから、**自分を責めずに、「教えてくれてありがとね。どうしたらいい？」と、感謝し**

ながら体の声を聞いてください。

あなたの体は自分で治し方を知っているはずです。

たとえば、手足が冷えやすいとき、体を冷やす飲み物や食事、運動不足、血行不良など直接的な原因だけではなく、ストレスで自律神経が乱れているのかもしれません。

海外で暮らしているオトナ女子たちは、「病気になったら莫大な治療費がかかるし、薬も日本人の体に合うかわからない」と、健康状態を保つために細心の注意を払います。

アメリカのある友人は、キャベツ、ブロッコリー、シナモンは欠かさず、風邪をひいたら、ひたすら寝ること、体を温めて汗をかくことで治します。台湾の友人は、体のあらゆるツボを把握していて、不調があると、効果的なツボを押すか、自らお灸《きゅう》を当てます。

自分で自分の体を守り、立て直すことのできる人は、大人だと感じるのです。

体の声を聞くおすすめの方法は、１日１回の瞑想。朝や寝る前など深く呼吸しながら、３分間、体の状態を頭から爪先までスキャンするように確認してください。毎日やっていると、「目が疲れている」「睡眠不足」といった表面的なことだけでなく、「欲張りすぎ」「優先事項が違う」といった本質的なメッセージが聞こえてくることがあります。体の声はいまの状態だけでなく、未来のことや、人生で大切なことも教えてくれるのです。

自分の唯一の専門家は自分自身です

心と体を整える

リラックスする時間をつくる

何かと忙しい現代人は、一日中「あれもやらなきゃ、これはどうしよう」と頭を働かせて緊張しっぱなし。リラックスする時間をつくることを忘れがちになっています。

かつての私もそうでした。一日中フル回転して倒れこむように布団に入り、朝は「仕事をしなきゃ」と焦って起きる……。そんな日々を何年も繰り返した結果、ある日突然、病《やまい》に倒れることになったのです。それから私の生活はとにかく体と心を休めることが課題。リラックスする時間を増やした結果、体は徐々に回復していきました。

基本的に、人間の体も心も「休むこと」をすれば、自然に元気を取り戻す力が備わっているのではないでしょうか。

オンの時間に力を発揮するために、1日1回、心と体を整えるオフの時間をつくることは、オトナ女子としての務め。**【心と体をリラックスさせるためのポイント】**は……。

1　入ってくる情報をオフにして一人で過ごす　メール、SNS、テレビ、人との会話など毎日大量の情報が入ってくる状態では疲れるはず。電車のなかでも、寝る前でも、仕事中でもいい、5分でもぼーっとする時間をつくると、考える力ややる気が復活します。

2　体が気持ちいいことをする　お風呂に入ったり、マッサージをしたりしているときに、いいアイデアがひらめいたりすることがあるでしょう。体をゆるめると、自然に心もゆるまって、いいパフォーマンスができたり、気持ちが軽くなったりするのです。

3　生きているものに接する　ペットをなでる、森林浴をする、自然の風景を眺《なが》める、花を育てるなど、自然に触れると、ほっとするもの。ストレスが軽減され、免疫力が上がるともいわれています。自然は心と体を癒してくれる〝セラピスト〟なのです。

4　深く呼吸をする　ストレスを感じているときは呼吸が浅くなりがち。一流のスポーツ選手など、重要な場面では深呼吸をしています。意識して深く呼吸をすると、落ち着きを取り戻せるようになります。不安や怒りなどネガティブな感情も薄らぐはずです。

5　早めに布団に入る　現代女性にいちばん必要な時間は、睡眠時間です。疲れた細胞、壊れた細胞は、寝ているときに回復するのですから、睡眠時間は死守しましょう。

☞オフの時間があるから、オンの時間に力を発揮できるのです

第六章

人間関係

懐の深い
オトナ女子

心がおだやかになる

大人になるとは、やさしさをもつこと

まだ20代のころ、女性上司のSさんに、仕事の改善を訴えたことがありました。つい感情的になって、「上司としてもっと仕事をしてください！」などと責めるような言葉を浴びせてしまいました。戦闘モードで向かっていったので、Sさんからも反撃を食らうと思っていたら、返ってきたのは、拍子抜けする言葉でした。

「あなたも辛い思いをしていたのね。早く言ってくれたらよかったのに」

思いがけずやさしい言葉をかけられて号泣。「仕事が改善されなくても、上司が気持ちをわかってくれただけでいい」と思えたほどでした。

Sさんは、ちいさなミスにはうるさい人でしたが、大きな失敗をして落ち込んでいるときは、けっして責めず、「大丈夫。私がなんとかするから」と矢面《やおもて》に立ってくれました。困っているときはさりげなく手を貸したり、成果が出るまで黙って見守ってくれるやさし

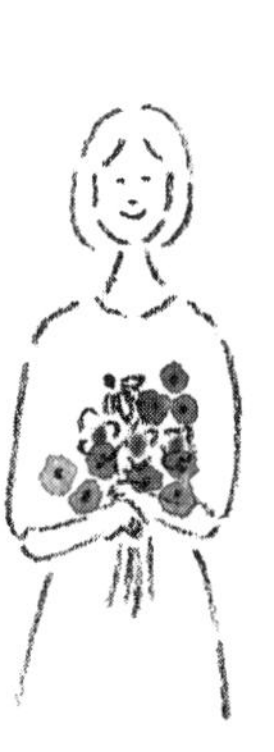

さもありました。「いつかこんな〝やさしい人〟になりたい」と思ったものです。

人間関係で「大人になる」とは「やさしい人になる」ということではないでしょうか。

あなたのまわりにいる「やさしい人」を思い浮かべてください。

やさしい人は、相手の気持ちに寄り添ってくれる人です。どんなこともやわらかく受け入れてくれる包容力があり、まるで母のような温かい目を向けてくれます。そんなやさしいオトナ女子と接すると、嫌な気持ちは薄れて、おだやかな気持ちになるはずです。

これがコドモ女子では、「なんでわかってくれないの？」と自分のことばかりで心に余裕がないために、やさしくなれません。でも、相手を憎んで攻撃的になったり、嫌な気分を引きずったりしているとき、じつはいちばん傷ついているのは自分自身なのです。

やさしさとは、「相手の求めているもの」を想像して差し出すこと。やさしいオトナ女子であるためには「まず自分からやさしくなること」を実践してください。「まず自分から親切にする」「まず自分から微笑みかける」「まず自分から謝る」……。「相手がしてくれたら自分もする」というのはコドモ女子。だれだってやさしさ（愛）を求めて生きています。自ら進んで愛を与える人が大人であり、やさしさは影響し合っていくのです。


☞やさしさは生きていくために、もっとも必要なものです

他人を
うらやむよりも

人の幸せを祝福する

もし、あなたがだれかをやっかんでいるとしたら、それは〝自尊心〟が低くなっているのかもしれません。

〝やっかみ〟とは、すぐ近くの似たような相手が、ちょっとだけ優位に立ったときに起きるものです。コドモ女子は、一緒に遊んでいたシングル仲間が急に結婚することになったり、仕事ができなかった後輩が社内表彰されたりすると、「何よ、あの人ばっかり」と憎らしく思えてくる。そして、「不幸になればいいのに」と願ったり、陰口を言ったり。相手に辛く当たる、仕事の足を引っ張るなど攻撃的になるコドモ女子もいるでしょう。

ちょっとだけ優位に立った相手は、自分のコンプレックスを刺激してくるからです。

しかし、オトナ女子は「それは、おめでとう！」と相手の幸せを喜んだり、「私も、あんなふうになれるようがんばろう！」と励みにしたりします。

「不幸になればいいのに」とネガティブな感情になるか、「おめでとう！」とポジティブな感情になるかの差は、〝自尊心〟が大きく関係しています。

やっかんでいる人は、他人との比較や競争によって自分の価値を決めようとするから、人が幸せになると〝自尊心〟が脅《おびや》かされるのです。でも、どんなに恵まれて、幸せな状態であっても、狭い世界で「勝った、負けた」と比べるのはコドモ女子のすることです。

人の幸せを喜べるオトナ女子は、どんな境遇にあっても、人から認められなくても、「自分には価値がある」「私は自分を幸せにできる」と高い自尊心をもっています。

やっかみそうになったときは、「おめでとう！」と口に出して祝福してください。比較から解放されてラクになりますから。そして、**自分の優先順位をはっきりさせると、人をうらやましがらなくなります。**「いちばん大事なのは家族」「笑顔で生きること」「自由な時間があること」「好きな仕事ができること」などいま大事なものがわかっていると、「自分には自分の道がある」と他人とのくだらない比較に一喜一憂しなくなります。

他人をうらやんだり、やっかんだりするのは、心を貧しくすること。オトナ女子は、人の幸せも自分の幸せにできるから、心がどんどん豊かになっていくのです。

☞人間関係をラクにしたいと思うなら、むやみに比べないことです

腹を立ててもソンするだけ

怒りを顔に出さない

その人の人間性がいちばんむき出しになるのは、怒ったときでしょう。

いい大人が、店員の不手際などにカッカして声を荒らげているのを見ると、「大人げない」と思ってしまいます。大人であるなら、「大丈夫ですよ」と笑って慰《なぐさ》めてあげるくらいの心のゆとりがほしいもの。職場や家庭など身近な人に対しては、なおさらです。

かくいう私も、かつてはすぐにカッとしてしまう性質でした。上司に膨大な仕事を押しつけられたとき、理不尽なことで叱られたときなど、泣きながら応戦してしまうほど。「自分は正しい。だから負けるわけにはいかない」と怒りをぶつけていたのでした。

しかし、あるとき、同じ立場の同僚がまったく怒っていないことに気づいたのです。「悔しくないの？」と訊くと、同僚は**「腹を立てたら負け。ケンカしてもいいことはないから」**とにっこり。たしかに、「怒ってどんなことが起きるか？」と考えると、すっきりするのはほんの一瞬だけ。すぐに自己嫌悪に苦しむことになります。「短気は損気」と言いますが、相手をケンカで言い負かしても、嫌われて、さらに人間関係はこじれます。周囲からも「あんなことで怒る人なんだ」と見る目や接し方が変わるでしょう。

つまり、「怒る＝自分のキャパ不足」が露呈《ろてい》して、〝信頼〟が損《そこ》なわれるのです。

怒りが顔に出てきそうになったら、「1・2・3……」と深呼吸をしながら10まで数えてください。カッとした瞬発的な怒りは長くは続きませんから。

そして、心のなかで「ありえない！」と思っていることを、「あるかもね」と言い換えてみてください。見方を変えれば、相手の言い分が正当なこともあります。

現実を「あるかもね」と肯定すると、怒りがだんだん収まってきて、心にゆとりが生まれます。「じゃあ、どうしましょう？」と発展的に考えられるようになるのです。

むくれた顔をするのは、コドモ女子のする恥ずかしい行為。相手につねにやさしくおだやかであることを心がけましょう。言いたいことがあるときは、相手が受け入れやすいように伝えましょう。怒りで本気度を示すのは、最後の手段としてとっておきましょう。

そうしてオトナ女子は人としての懐《ふところ》の深さを生み出していくのです。

☞ 腹が立ったら、相手より大人になるときです

受け止め方を変える

人の欠点に慣れる

　先日、ある友人が恋人のことを「カレが頑固で困っています。人の意見を聞かなくて……」と嘆いていました。しばらくして仕事の話になると、ため息をついて「上司があちこちにいい顔をして優柔不断。上司ってもっと芯があるべきだと思うんです」と愚痴《ぐち》。一方は芯がありすぎることが嫌で、一方は芯がないことが嫌……と、矛盾しているようですが、人の欠点が目について批判したがる人は、そんな矛盾を抱えているもの。「〜であるべき」「〜ねばならない」という口グセが多く、まわりにいる人は窮屈に感じているでしょう。何より本人がいつも不安を抱えていて、身がもたないはずです。

　コドモ女子は、たった1点の「足りないところ」が目につくと、そのことばかりに気をとられて、ほかにたくさんある「いいところ」は見えなくなってしまう。しかも、人を批判しているとき、自分のことは棚に上げているのですから、なおさら厄介《やっかい》です。

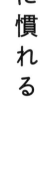

人の欠点にイライラしたり、腹が立ったりするのは、相手に期待をしているから。「カレが頑固」と嘆いているのは、「もっと意見を聞いてくれるはず」、「上司が優柔不断」と愚痴を言うのは「もっとしっかりしてもらえるはず」と期待しているからです。

それを相手に指摘したところで、性格はすぐには変わりません。「あんな人だからしょうがない」とこちらの受け止め方を変えたほうが手っ取り早く、現実的に解決できます。

他人の欠点は改善してもらうより、こちらが慣れてしまうことです。そのポイントは……。

❶ 欠点を反対側から見る　頑固な人は「芯がある」、優柔不断な人は「他人への思いやりがある」「慎重」と見ることもできるでしょう。〝欠点〟は見方を変えると〝長所〟にもなります。柔軟な見方をするだけで、人間関係はやわらかくなるのです。

❷ リスペクトを示す　相手の欠点ではなく、尊敬できる点を探すクセをつけましょう。そして「あなたがしっかりしているから助かる」「そういうところ、尊敬します」というようにリスペクトを伝えましょう。相手のためというより、自分がラクになります。

完ぺきな人なんていません。大らかな、やさしい目で人を見てみましょう。相手のいいところも、欠点もまるごと受け入れるのが、愛情深いオトナ女子なのです。

大人の女性は、相手に期待するより、自分に期待します

友だちはいても
群れない

群れるより一匹狼女子になる

中学、高校の多感な女子にとって「（一人）ぼっち」の状態は、恐怖ではないでしょうか。先生の「はい、二人組つくって！」が怖い。昼休みにぼっちだと思われたくなくて寝たフリ。移動教室は最後にどさくさに紛れて行く……ということがあるかもしれません。

大人になっても、同僚やママ友のなかで孤立するのはたいへん心細いもの。そのため、お局に付き従ったり、群れて悪口を言ったりするコドモ女子も多いものです。

「一人になるのがイヤ」というより、「だれにも声をかけてもらえない、かわいそうな人と見られるのがイヤ」なのかもしれません。人の目がなかったら、一人ランチや一人カラオケ、一人旅など「むしろ一人が気楽でいい」という人も増えています。

私は、どんな職場でも、グループに属さず、いつも「一匹狼」のような存在でした。強い信念をもって一人でいたわけではありません。職場は、仕事をする場所。人間関係に気

を遣いすぎる必要はないと思っていたからです。しかし、群れない、媚びない、つるまないことで人間関係はたいへんラクになったのです。

オトナ女子に〝一匹狼女子〟をおすすめする理由は……。

❶　人の目を気にしないから、自由に行動できる

一匹狼女子は、自分の欲求に素直。グループ内で忖度《そんたく》をしなくていいため、意見もハッキリと言える。「人は人、自分は自分」と考え、自分の目的に向かうことに集中できるのです。

❷　女子グループ内の揉め事から距離をおける

コドモ女子の群れにありがちな、お互いを比較してけん制し合ったり、見栄を張ったりする小競り合いから無縁でいられます。さっぱりとした気質をアピールするなら、陰口や噂話を控えることから始めましょう。

❸　一人ひとりと深い人間関係を築ける

一匹狼女子は、協調性がないのではありません。グループとして広く浅くつき合うのではなく、「一人ひとりとの関係を大事にして、群れない」が美学。結果、助け合える深い人間関係ができていくのです。

かっこよく凛とした大人女子は、つるまず、群れず、単独行動が基本です。

群れないほうがラクに生きていけます

上から目線にならない

立場の弱い相手にこそ丁寧に接する

品格あるオトナ女子がコミュニケーションで気にかけているのが、だれにでも平等に接することです。

人間、何かの立場を手に入れると、それに胡坐《あぐら》をかいておごった態度や、上から目線の言葉になりがちです。「自分は客だから、これぐらい言ってもいいだろう」「自分は先輩だから」「自分は人よりお金をもっているから」というように。

立場や損得で人を評価して、あからさまに態度を変えるのは、軽率なコドモ女子のすること。上の人に媚びたり、職場や合コンでお気に入りの男性ばかりにいい顔をしたりするのは、ほかの女性からもっとも嫌われる行為。いつも自分にとって「上か下か」「損か得か」で人を見ているのですから、本人も気が休まらないでしょう。

オトナ女子は、相手によってコロコロ態度を変えるのは、品格を落とす行為だと心得て

います。だから、立場の弱い相手にこそ、丁寧に接しようとします。年下や後輩に自分の価値観を押しつけず、話をよく聞きます。タクシーの運転手さん、守衛さん、掃除のパートさんなど利害関係のない相手にも、笑顔で挨拶をしたりお礼を言ったりします。

「実るほど頭《こうべ》を垂れる稲穂かな」というように、仕事で成功したり、人間関係に恵まれたりする人の共通点は「謙虚さ」にあります。どんな相手にも横柄《おうへい》にならず、腰を低くして向き合おうとする姿勢が、成長をもたらしてくれます。また、どんなに偉い相手にも、自然体で振る舞ったり、意見を言ったりします。

そんな品格ある態度は、だれかがどこかで見ているもの。人が評価されるか、引き立てられるかといった幸運は、仕事ができるか以前に、好感によることが大きいでしょう。

かつて私は、会社の採用試験で、駐車場整理をしているおじさんに挨拶をしたところ、じつはその人は社長で、採用が決まった……というドラマのようなことがありました。

もちろん、人間というもの、目上や目下、好感、親しさなどで人に対しての態度はいくらか違うものですが、あからさまに変えるのはみっともない。「人間、見た目や立場だけではわからない部分がある」ということを、けっして忘れないようにしてください。

☞ 損得で人を判断していると、相手からも損得で見られるようになります

凹んでいる人をほめる

「子どもはほめて育てる」といわれることがありますが、大人でもほめることはとても重要です。たとえば、ほめ合う習慣のある職場は「生産性が高い」「仲間意識が強い」「仕事の満足度が上がる」「離職率が低い」などの効果があるとか。夫婦でもほめ言葉が多いと離婚率が低いという調査結果があるといいます。反対に、人がいちばん不満をもつ人間関係は、「自分はちゃんと評価されていない」「認められていない」という関係なのです。

私たちは、普段の生活でちゃんと人をほめられているでしょうか？

たとえば、職場の後輩が電話をしているとき、「ちょっといまの言い方じゃ、内容が伝わらないでしょう！」とその場でダメ出しをするかもしれません。が、逆に、「いまの電話は丁寧な説明でよかった」「ハキハキして感じがいいな」とぼんやり思ったとしても、なかなか口に出してほめることはしないものです。

そんなプラスの部分もしっかり見つめて、人をほめるのがオトナ女子なのです。

ネガティブなこと（相手への不満、改善してほしいこと、仕事や生活の愚痴など）を「1」言うときは、ポジティブなこと（相手のいいところ、感謝の気持ち、うれしかったことなど）を「5」言うと、関係は長続きするという「1対5の法則」があるそうです。

〝ほめ〟のコツは「あ、いいな」と思った瞬間、すぐに、シンプルに口に出すことです。

かつてクレーム対応の仕事をしていたことがありました。普段は感情的に怒られてばかりでしたが、ときどき「話をよく聞いてもらえて気分が落ち着きました」「迅速な対応で助かりました」などとおほめの言葉をいただくことがありました。自分もたいへんなときに、相手にやさしい言葉をかけられる人は大人だと思ったものです。

うまくいったときは、みんながほめます。でも、**うまくいっていないとき、失敗したときなど凹んでいるときほど、人は〝ほめ〟を必要としているのです。**「ここまでできたからあと少し」「最近、夜遅くまでがんばっていたね」「新人のときに比べると、ずいぶん成長している」など努力や成長、プロセスなどほめることはいくらでもあります。

〝ほめ〟は、大人の人間関係の基本なのです。


ネガティブなことを「1」言うときは、ポジティブなことを「5」言いましょう

大人の
切り返し方

失礼な冗談はサラリとかわす

「だから、あなたは彼氏ができないのよ」「また太った？」「ちょっと、おばさーん」など失礼なことを言う人はどこにでもいるものです。そんな人と「ひどい！」「そんなことありません！」とまともにやり合おうとすると、「冗談のつもりだったのに」「冗談も通じない」と〝冗談〟を免罪符《めんざいふ》にして逃げてしまう手法は、よくありがち。

「冗談」とはみんなが笑顔になるもので、相手を不快にするのは「失言」なのです。

失礼なことを言うのには、「なんかムカつく」「相手より優位に立ちたい」「からかってやりたい」などいろいろな理由があるでしょうが、いずれにしても人を傷つけようとする悪意ある言葉はすべて〝その人〟の心の問題。未熟さに問題があって、こちらはまったく関係のないことなので、気に病むだけ時間のムダ。コドモ女子にありがちなのは、ムッとする、反撃する、落ちこむなど感情的になること。狼狽《うろた》えては相手の思うつぼになります

し、周囲からの評価も下げてしまいます。そこで、**【失礼な冗談への切り返し方】**は……。

❶ 微笑んでスルーする

いちばんいいのは、「そうですね～」「そうですか？」などと適当なあいづちでかわし、一刻も早く話を終わらせること。もちろん心のなかでは言葉通りに思わなくて大丈夫です。頭が真っ白でとっさのひと言が出てこないときも、ムリに発言する必要はありません。オトナ女子はにっこり微笑んで余裕を見せつけましょう。

❷ 冗談にのっかって華麗に切り返す

「だから、彼氏ができないのよ」と言われたら、「前世で女子を泣かせたんですかね」。「おばさん」と言われたら、「お嬢さんでしょ！」「なんですか、おじさま」など、冗談にのってあげる切り返しもあり。笑いが起きれば、周囲から「嫌味にもユーモアで切り返す大人の女性だ」と評価されるでしょう。

❸ あえて「相手をほめること」で煙に巻く

「太った？」と言われたら、「○○さんはスタイルいいですよね」、セクハラ発言をされたら「○○さんともあろう人徳者が……」など相手をもち上げて話を逸《そ》らしましょう。「言われっぱなしでは相手がつけあがる」というときも、相手を上げてから「そのひと言はなくていいと思います」「ほっといてください」「その冗談、面白くないです」など笑顔でチクリとした一撃を。

失礼な人に関わると、消耗するだけです

人を追い詰めない

逃げ道をつくってあげる不満の言い方

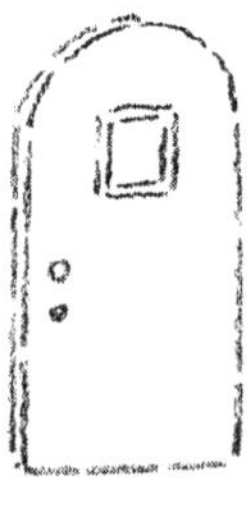

いつだったかレストランで、となりの席のカップルが険悪なムードで言い争いをしていたことがありました。どうやら、そのコドモ女子は、彼氏が電話をくれなかったことに怒っていて、ケンカというより、一方的にだらだらと責めている。「忙しいのは言い訳にならない」「反対の立場だったら嫌でしょう?」というように。

彼氏は、人前だから反論はせず、じっと聞いていましたが、1時間ほど経ったとき、「もういいよ」と席を立って出ていきました。すると、彼女は電話をして「どうなってもしらないから!」と脅迫。

彼氏も、電話1本でこれだけ責められたら、嫌気がさすでしょう。言い争いで勝っても、人間関係では「負け」。賢い女性とはいえません。

「あら、そうなの。忙しいだろうけれど、二人の時間もつくってね」などと〝逃げ道〟をつくってあげると、彼氏はほっとして「彼女を悲しませてはいけない」と反省するかもしれません。そんな相手に**【逃げ道をつくってあげる不満の言い方】**は……。

❶ 理詰めで追い詰めない　職場で意見が食い違ったとき、自分が正しいと思うことを理詰めで話す人、「普通は〜でしょう」「これってあたりまえでしょう」などと正論で話す人は、間違いなく嫌われます。わかっちゃいるけどできないのが人間というもの。言いたいことは半分程度に留めて、あとは相手が察してくれるのを待ちましょう。

❷ 相手の話を聞く　一方的にまくし立てないで、相手の言い分にも耳を傾けることが大事。相手の言葉が矛盾だらけでも、戦うメリットはありません。オトナ女子は、「ふーん、そうなんだ」とグレーのままにして、負けてあげるくらいの余裕をもちましょう。

❸ 長引かせない　「相手に非がある」といつまでも思い続けると、ストレスがたまる一方。シンプルに、その場かぎりで、「それはよくない」「私は〜と思う」などピシリと言って終わりましょう。〝大らかさ〟と〝なめられること〟は、まったく別。要所要所、手綱はしっかり引き締めつつ、大きな器で対処する。攻めるときと、引いて待つときの見極めが絶妙な女性は、大人だと思うのです。

人間関係において相手に勝とうとしない

注意するとき
気をつけること

ネガティブなことを言うとき

かつては地域でも、会社でも、頼んでもいないのに、「ここを直したほうがいい」「それはやめたほうがいい」と構ってくる大人がたくさんいました。それに対してうっとうしく感じていましたが、いまは、そんな耳の痛いことを言ってくれる人がいるのは、幸せなことであり、注意をしてくれる人がいないのは、寂しいことだとしみじみ感じるのです。

成長するためには、「ほめてくれる人」よりも「注意してくれる人」のほうが重要です。指摘されなければ、間違っていることや注意すべきことにも気づけないのですから。

私も最近、古くからの友人に、たいへん耳の痛いことを言われてしまいました。自分がいいと思ってやっていることにケチをつけられたようで、一瞬落ちこんだものの、頭を冷やして考えると、彼女の言っていることにもたしかに一理ある。それに、こちらのことを真剣に思っているからこそ、勇気を出して言ってくれたのだと、心から感謝。

昨今は、注意ができない世の中になってきました。個人化が進んでいる現代社会で、いいことだけでなく、苦言を呈《てい》してくれる〝お節介おばちゃん〟はオトナ女子の役割でもあります。明るく、温かく、人と人をつなぐ存在になっていくと思うのです。

ということで、私も愛情深く、上品な〝お節介おばちゃん〟になることを目指しているのですが、**【ネガティブなことを言うときに気をつけていること】**は……。

❶　怒りをにじませない　イライラして怒っては、自分の不満を解消するために言っているようで、説得力がありません。「こんなことも知らないの?」「さっき言ったよね?」など相手を傷つける余計なひと言もNG。淡々と、短く、さっぱりを心がけて。

❷　BADではなくBETTERで言う　「いまの言葉遣いはダメ」ではなく、「こう変えたらよくなるよ」、「報告が遅いから困る」ではなく「報告が早かったら完ぺきよ」といった調子で。単に「ダメ」と言うより、相手のために言っていることが伝わります。

❸　どんな相手にもリスペクトを示す　相手が凹んだり、逆ギレしたりするのは、自分を全否定されたように感じるから。注意をするときは、その前後に「ここはよくできている」とほめる、「あなたならできる」と期待を伝えるなど、敬意を払うことを忘れないで。

注意されないというのは、孤独なことです

人に親切にするとき

見返りを求めない

自分がやってあげたことと、相手から返ってくることのバランスがとれていないとき、コドモ女子は、つい不満に思ってしまうものです。「プレゼントをあげたのに、お礼やお返しがない」「私ばっかかり仕事を手伝って、損をしている」……というように。

しかし、そもそも人間関係とはアンバランスなもの。やった分だけ、相手からきっちり返ってくることはありません。若いころは、まわりにお世話になってばかりで何も返せませんが、年齢を重ねるほど、少しずつお世話ができる役割になってきます。

オトナ女子ならば、相手のために何かできることを喜びましょう。人への親切は過去に受けた親切への恩返し。人生の損得は一生をかけてプラス・マイナス、ゼロになっていくのではないでしょうか。

【見返りを求めないでするオトナ女子の親切】とは……。

1「すべては自己満足のため」と心得る　見返りを求めない人は、自分が好きでやっていることだと考えて、相手からお礼や見返りがあるかは、まったく気にしていません。自己満足や、自分の徳を積むことになると思えば、相手の対応を不満に思うことはなく、ちょっとした親切も行動に移しやすくなるはずです。

2 親切はその場で完結する　相手がほっとしたり、喜んだりする顔を見て「よかった！」と思えたり、自分の気が済んだりするなら、それで十分お返しをもらっているようなもの。親切は引きずるものではありません。その場その場で完結していきましょう。

3 そもそも見返りを求める行動をしない　「〜してあげる」と思うならしない、「〜したい」と思うことだけするのも有効。不満になる心配がある行為はやめておきましょう。

4 見返りを求めることは恥ずべき行為だと考えている　たとえば元カレに「時間を返して」「プレゼントを返して」などと言うのはコドモ女子のすること。誇り高いオトナ女子は、見返りを求めたら、幻滅され、それまでの愛のある行為が台無しになってしまうことを、よくわかっています。まわりからも「セコい」「人間がちいさい」と思われてしまうでしょう。オトナ女子は、自分のやったことを汚《けが》す行為をしてはいけないのです。

見返りを求めなくなると、人間関係がラクになります

自分を
犠牲にしない

正直に言う

「大人の人間関係」というと、にっこり笑顔で相手に合わせている関係のようですが、それだけだと、表面的にはうまくいっているようでも、いつかは行き詰まることになります。

相手ばかりを尊重して、自分を犠牲にしてしまうからです。

たとえば、仕事を同僚から頼まれたとき、本当は自分も手一杯なのに無理をしつつ、「わかりました。やっておきます」といい顔をしていると、だんだん不満がたまってきます。突然、「私ばかりに仕事を振らないでください！」とキレてしまうかもしれません。

「ごめんなさい。私もいくつか仕事を抱えているので、いまは難しいです」と言えば、相手も「じゃあ、また次の機会に」となるだけです。

自分のことを正直に伝えてくれるオトナ女子は、変に気遣ったり、勘繰ったりしなくていいから、つき合いがラク。お願いするのも、誘うのも、気楽にできるのです。

〝正直〟ということは、相手を尊重するのと同じくらい、自分も尊重することです。といっても、前のめりで自己主張することではなく、心を開いて、自分の本心を誠実に伝えることです。「私はこれが好き」「これは苦手」「私はこう思う」と折に触れて、自分の気持ちを伝えていれば、「この人は、こんな人なのだ」と理解してもらえ、深いつき合いができるようになります。意見が合わなくても、価値観が違っていても、正直な人は、わかりやすく、信頼できるのです。

コドモ女子は、人間関係において正直になれません。波風を立てたくない、関係を維持したい、相手を傷つけたくないなど、いろいろな理由がありますが、多くは嫌われたくないからでしょう。

「正直に言って嫌われる関係なら、それまでのものだ」と割り切ってしまえば、無理をして相手に合わせることはなくなります。相手の顔色をうかがうこともしなくなります。

そして、嫌われることも、機嫌を損ねることも、ほぼないとわかるはずです。

お互いに正直である人間関係は、風通しがよく、成熟していて、人生を豊かにしてくれる大人の関係なのです。

☞人間関係でもっとも大切なのは、自分に正直であることです

一緒にいるとラクな人

ゆるいつき合いを大事にする

オトナ女子の人間関係は、ゆるいくらいがちょうどいいのです。人の悩みはほぼ人間関係。仕事を辞める理由も人間関係がもっとも多いといいますが、それほど真剣に人間関係を考える必要はありません。むしろ考えすぎるほどややこしくなっていくんですから。

「あの人は考え方も価値観も違うけれど、世の中にはいろんな人がいるから」

「なんとなく関係がギクシャクしているけれど、そのうちよくなるでしょう」

そんなふうにゆるく構えていれば、なんとなく関係が続いていくものです。いい意味でこだわりのない姿勢は、心に余裕がある、器の大きな女性だと感じさせます。**まわりの人は「一緒にいるとリラックスできる」「気を遣わなくてラク」などと思うでしょう。**

「みんなと仲良くしなければ」「上司とはこうあるべき」「相手にちゃんとおもてなしをしなきゃ」など、こだわりをもちすぎると、相手も窮屈に感じて疲れてしまいます。

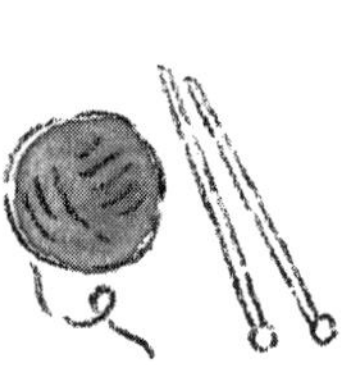

こちらが肩に力を入れてつき合うと、相手も身構えてしまう。ゆるりとつき合うと、相手もリラックスする……人間関係は伝染し合っていくのです。

同級生やママ友、夫婦、恋人など長く続いている人間関係は、いくらかゆるさをもった関係。ゆるい関係とは、自立した大人同士の関係ともいえます。相手に要求しすぎず、自分の価値観を押しつけず、互いに相手を尊重して距離感を保っているから心地よいのです。

コドモ女子はＬＩＮＥの返信がないぐらいで「え？　私何かした？」とすぐに不安がります。ランチのお誘いが自分だけなかったと凹むかもしれません。勝手にあれこれ考えて「もうあの人とはつき合わない」と自ら関係を切ってしまうこともあるでしょう。

「そういうこともある」「そのうち連絡してくるでしょう」と余裕の気持ちで構えているのがオトナ女子というもの。大人は人間関係を、広く、長く、とらえているので、ジタバタしないのです。相手との関係にモヤっとしたものを感じたときは、「ま、いっかー」とつぶやきましょう。オトナ女子なら、他人事《ひとごと》のように面白がる余裕をもちましょう。

ただし、すべての人にいい顔だけを見せるというのではなく、しんどいときに泣いたり、怒ったりする場所を確保しておくのも、大人にとって必要なことだとつけ加えておきます。

☞人間関係はお互いを映し合う鏡のようなものです

女性のやるべきこと

立派な男性を育てる

「女が甘やかすと、男はつけあがる」とは、いまだ男尊女卑が残るわが故郷、鹿児島でよくいわれる言葉です（私のまわりだけかもしれませんが）。よい妻、よい母であろうと、女性が家のことをすべてやった結果、男性は何もしないで、文句ばかり言う〝モンスター夫〟になってしまう……というパターンはよくあるのです。いえ、これは全国的に。

昨今、女性たちが「男が頼りなくなった」「まわりにいい男がいない」などと嘆きますが、これは女性全体の責任もあるかもしれません。誤解を恐れずに書くと、基本、男性は、幼いころは母、成長すると恋人、そして妻、娘……と女性を喜ばせ、認めてもらうためにがんばっているようなもの。男性の力を引き出し、発揮させるのは、女の役割なのです。

私がイメージする「男を育てる女性像」は、時代劇に出てくる武士の妻。夫が間違った道に行こうとすると「なりませぬ！」と諫《いさ》め、夫が仕事で落ちこんでいると「もう一度おやりなさい！　あなたならできます」とはっぱをかける……鹿児島も明治維新の偉人を輩出したころは、そんな妻が多かったのではないかと思います。

さて、立派な男性を育てるポイントは、ひと言でいうと、**〝成功体験〟をつくってあげること。**男性は、過去に味わった成功体験を何度も繰り返そうとする習性があるのです。

立派な男性を育てるために、オトナ女子がやるべきことは主に次の二つです。

①　仕事の成功や、やってもらったことを120％喜ぶ　「仕事でうまくいった」「給料が上がった」「帰りにお土産を買ってきた」「ドライブに連れていってくれた」など、ちいさなことでも喜びは最大限に表現しましょう。男性のなかではそれが〝成功体験〟としてインプットされ、またその快感を味わうために、がんばろうとしてくれます。

②　男性の「こんなことをしてみたい」という夢や目標をけしかける　男性が伸びるポイントは、その人の「やりたいこと」。やりたいことがあるのなら、「それ、素敵！」「挑戦してみたら？」と目を輝かせて応援しましょう。背中を押せばどんどん伸びてくれます。

それから「自分のことは自分でする」が基本（生活・経済・精神の自立）。もちろんやってあげることはあっても、甘えすぎるときはお互いのためにピシャリと言いましょう。

「なんでもやってあげる」は相手のためになりません

第七章

行動

美意識のある オトナ女子

大人としての
行動

〝美意識〟をもつ

スーパーのレジでのことです。すぐ前に並んでいた手足の不自由そうな老婦人が、財布を取り出すのにもたもたしていました。レジには列ができていて、私の後ろに並んだ女性が「早くしてよー」とイライラした声でつぶやきました。

老婦人は申し訳なさそうにお辞儀をして清算。買い物袋に詰めるためによたよたと移動していたところ、50代くらいの素敵な女性がさっと駆け寄って「お手伝いします」と手際よく食品を詰め始めたのです。おそらく初めて会ったのでしょう。「寒い日は堪えますね」とにこやかに雑談しながら、シルバーカーに乗せるところまで手伝っていました。

ちょっとした心遣いのようですが、自分に余裕がなかったり、相手が見知らぬ人だったりすると、なかなか声がかけられないもの。美しい光景に心が洗われて、「私もこんな〝美意識〟のある行動を習慣にしていきたい」と改めて思ったのでした。

美意識というと、外見や持ち物、空間のつくり方など、目に見えるものを連想しがちですが、それと同じように、大人として「どう行動するのが美しいのか？」という行いの美意識をもちたいものです。美しい行いをしているオトナ女子は、凜としてかっこよく、いいエネルギーを発しています。自然に、まわりに人が集まってくるはずです。

逆にレジの列で「早くしてよー」とつぶやく女性のように、外見は着飾っていても大人として「美しくない」行動をとる人もいます。ネットで匿名の誹謗中傷《ひぼうちゅうしょう》をする人、キツい言葉で他人を傷つける人、公共の場で迷惑をかけても平然としている人などは、美意識が欠如しています。立派な立場にいる人が不正を働いたり、お金をもっているのにさらに横取りしようとしたりするのも、「美しく生きたい」と思っていないからでしょう。

仕事や生活、人間関係、恋愛などすべてにおいて迷ったとき、「正しいかどうか」「損か得か」でなく、**「どうすれば美しいのか」「かっこいいのか」といった美意識を基準にする**ほうが、自分自身に対してしっくりきます。

目指すのは、よりよい人間になること。この人生を美しく生きること……そんな気持ちが、大人の品格ある行動につながっていくと思うのです。

「美しく生きたい」という気持ちが、大人の品性をつくっていきます

人の雰囲気をつくるもの

人が見ていないところでも

一人で食事をするときも、「いただきます」「ごちそうさま」とつぶやくようにしています。食事を提供してくれているすべての命に対して感謝することは、大切なことだと思うからです。だれも見ていなくても、テーブルクロスを敷いて、料理に合った器に盛るようにするのも、単純にそのほうが美しく、気持ちがいいからです。

人が見ていないときこそ、どう振る舞うかが重要なのです。

たとえば、会社でデキる女を演じていても、家に帰って服を脱ぎ散らかし、汚部屋のソファーに寝そべって、お菓子をボリボリ食べながらテレビを観て寝る……というだらしない生活をしていたら、どんなに取り繕《つくろ》ったところで不潔感やルーズさはにじみ出てきます。

だれも見ていなくてもゴミを拾う、背筋を伸ばして歩く、トイレを掃除する、部屋に花を飾るなど、美しい行いをしている人は、不思議と気品があり、満たされた表情をしてい

ます。**人が見ていないところでしている行動が、その人の雰囲気をつくるのです。**

昔の人はよく「お天道様が見ている（だから悪いことはできない）」と言ったものでした。お天道様とは、神様という意味もあるでしょうが、いちばん自分のことを見ているのは、自分自身です。だれが見ていなくても、生まれてから死ぬまで1日24時間、どこに行ってもずっと見続けています。自分が何をしてきたか、何をしてこなかったかは、すべてお見通しで、それによって自分の〝自尊心〟を決めています。

だから、人が見ていないところでも、「美しいこと」「気分のいいこと」をやっていれば、チャリンチャリンと自尊心の貯金をしているようなもの。逆に、「みっともないこと」「気分の悪いこと」をやっていれば、自尊心の借金をしているようなものです。

もしあなたが、自分に自信がない、もっと大人になりたいと思うなら、あなたのなかの〝もう一人の自分〟を意識して、客観的に自分を見つめてください。

そして、自分がみっともないと思うことはしない。美しいと思うことをしていれば、自然に自分に誇りをもてるようになり、自分のことが好きになってきます。自分を好きになるとは、特別なものをもっているからではなく、結局そういうことだと思うのです。

「その行動は美しいのか？」という視点をもつ

困っている人に声をかける

「困っている人に声をかける」というのは、大人としてあたりまえの行いのようですが、昨今ではそれができなくなっているようです。

先日、あるタレントが起こしたひき逃げ事故の映像がテレビで繰り返し流れていました。人が数メートル跳ね飛ばされた状況とともに愕然《がくぜん》としたのは、ほとんどの人が見て見ぬフリをして通り過ぎていったこと。朝の通勤時で、大勢の人が倒れている人を横目に、だれかが助けてくれるだろうと先を急ぐ……それが普通なのかもしれません。

街にはたくさんの困っている人がいます。電車で立ちっぱなしのお年寄り、重たい荷物をもっている女性、ベビーカーで段差に手こずっているママ、地図を見てキョロキョロしている外国人……。そして、私たちの身近にも、仕事を抱えてパニックになっている同僚、家族関係で悩んでいる友人、体の自由がきかなくなっている年老いた父母……。そんな困っている人たちにどうして声をかけられないのか？というと、気持ちの余裕がないのと、「余計なお世話？」「拒絶される？」と、よくない結果になるのが怖いからでしょう。

でも、自分にできることがあるかもしれないのに、見て見ぬフリをする……というのは、大人として恥ずかしいことではありませんか？

相手がどんな反応をするかは関係なく、困っている相手が少しでもよくなればと、**シンプルな気持ちで、肩の力を抜いて声をかければいいのです。**何もできることがなくても、声をかけてもらったこと自体に相手はほっこりするかもしれません。たとえ相手から「結構です！」と拒絶されたとしても、「困ってなくてよかった！」と思えばいいのです。

それから、声をかけるときには、「大丈夫ですか？」と言ってしまうと、遠慮がちな日本人はつい「大丈夫です」と答えてしまいがち。「何かお手伝いできることはありますか？」「荷物をもちましょうか？」「お座りになりますか？」など、具体的に言ってあげたほうが、やさしさが感じられて、甘えてもらいやすくなります。

困った人がいても声をかけないのが普通の大人かもしれない。でも、見知らぬ人でも、身近な人でも、困っている人をスルーしない特別なオトナ女子になりましょう。

「大丈夫？」より「何かお手伝いしましょうか？」と声をかける

余裕をもつために心がけたいこと

駆けこみ乗車はしない

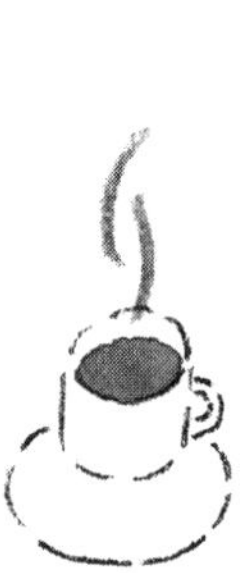

大人の女性の魅力を生み出しているものの一つは、気持ちの〝余裕〟。少々のことでは動じず、ゆったりと行動し、やさしく微笑みながら毎日を優雅に楽しんでいる……そんなオトナ女子になるためには、単純に「時間の余裕をもつこと」が大事。

毎日、時間に追われるようにバタバタと動き、一日中「時間がない」と思って暮らしていては、気持ちも急いて、人のことを思いやる余裕もなくなってしまいます。

まずは、行動だけでも、ゆっくりしてみます。オトナ女子は、横断歩道をバタバタと走らないようにしましょう。次に青になるのを待っても数分しか変わりません。同様に、駆けこみ乗車も美しくありません。

慌てるとケガをしたり、忘れ物をしたり、ミスをしたり……と余計に時間がかかります。大人にとって大切なのは「つねに落ち着いて行動すること」なのです。

その他、**【時間の余裕をもつために心がけたいこと】**は、次の４つ。

① スケジュールは2〜3割余裕をもたせる　急ぐことになるもっとも大きな原因は、時間を楽観視して予定を詰めこんでしまうこと。スムーズにいかないことも考えて、予定は「最低限、これだけはしよう」ということだけに留め、あとは柔軟に対処しましょう。

② 作業や話を中断する勇気をもつ　前の作業や、人とのおしゃべりがだらだらと長引いて、予定がずれこむのも、時間がなくなる要因。どんなに気持ちがノッていても、予定の時間がきたら、ぴしゃりと止め、次のことにとりかかるクセをつけて。

③ SNS、テレビはできるだけオフにする　時間がないのは、余計なことをしているからでもあります。いちばん時間を奪われているのがスマホとテレビ。用事がないかぎり見ない、時間を決めて見るなどシャットアウトする〝マイルール〟をもちましょう。

④ 待ち合わせは15分前に着く　早め早めの行動が心の余裕を生みます。早く着けば身だしなみを整えたり、コーヒーを飲んでひと息つけます。やるべきことは「少し早めに」を意識しましょう。「30分早く寝て30分早く起きる」のもおすすめ。余裕をもって１日のスタートをきると、「今日はいいことがありそう！」という気分になるものです。

時間の余裕が心の余裕をつくります

粋でかっこいい行動

いい行いは、こっそりやる

職場のトイレットペーパーやお茶など、だれも気づかないうちに補充してくれる人がいるとありがたいもの。ほかにも、埃がたまっている場所を掃除する。ファイリング整理をする。たまっていた不要品を捨てるなど、さりげなくやっている人は大人だと感じます。

また、イベントなどをするとき、陰でみんなのために走り回ったり、時間をかけて準備をしたりしていても、そのことは一切話さず、涼しい顔をしている人も大人。

まわりは、そんな人のことを「粋でかっこいい！」と感じ、尊敬のまなざしで見ているものです。

コドモ女子は、つい「私、やっておいたんですけど、気づきました～？」「結構、たいへんだったんですよ」なんてアピールしてしまう。ほめられたい、認められたいと思っているからでしょうが、押しつけては、せっかくのいい行いも台無しです。

いい行いだけでなく、努力も見えないところでやるのが、大人というものです。

ある友人は、ここ10年の間に、秘かに中国語を習得し、彫金の専門学校に通ってアクセサリー作りの腕を上げ、本格的な和菓子作りを通信講座で学んでセカンドワークにし……と、どれもとんでもなく高いレベルを身につけてきました。おそらく、陰では寝る間を惜しんで努力していたのでしょうが、そんな姿は一切見せずに。そして、あるときふと、まわりが「え――――！　そんなすごいことができるの？」と驚くことを、華麗にやってのけるのです。ほんと、かっこいい。

いい行いや努力をこっそりやるオトナ女子は、「自分のことをわざわざアピールする必要はない」と思っているのでしょう。**自分が満足すること、自分が成長することでよしとしているのです。**

一方、SNSなどで「見て、見てー」と言わんばかりにアピールするコドモ女子がいますが、度が過ぎると、承認欲求のモンスターになってうるさがられるので気をつけて。「いいことはさりげなくやるのが粋で、ひけらかすのは野暮」を実践できたら、奥ゆかしく深みのあるオトナ女子の魅力が出てくると思うのです。

さりげなさは粋、ひけらかすのは野暮というものです

自分の欲をわかっておく

〝欲〟とは上手につき合う

〝欲〟は、生きるうえでのエネルギーになりますが、欲のために思い悩んだり、人生が狂ったりすることもあります。たとえば、「お金を稼いでいい暮らしをしたい」という欲は、自分を支えてくれます。しかし、「もっといいところに住みたい」「もっと高価な服やバッグがほしい」とつねに欲張っていると、満足することがなく、いつも不平不満をもつようになるでしょう。心を欲に支配されて、欲におぼれてしまうのです。

反対に、欲がないのも考えもの。友人が「うちの新人は仕事に対する欲がなくて困ったものだ」と嘆いていましたが、「もっと〜したい」と思わなければ成長もないでしょう。

オトナ女子は、自分の〝欲〟と仲良くつき合っていくことが必要なのです。

【欲との上手なつき合い方】は次の三つです。

1 自分のほしいものを明確にしておく

金銭欲、物欲、権力欲、自由欲などさまざま

な欲があり、人によって強弱や優先順位が違うもの。自分はどの欲が強いかわかっていれば、他人と比べたり、同じものをほしがったりすることがなくなります。資本主義社会は、「みんなにたくさんほしがらせる、使い捨ての社会」。自分のほしいものがわかっていないと、流されて、次から次に消費を続けてしまうでしょう。また自分のモチベーションとなる欲がわかると、力を入れなくても、自然に力を出せるようになります。

②満足するレベルを知っておく

知性あるお金持ちは「そんなに豪華な家は必要ない」と意外に地味な暮らしをしているもの。「月、最低限○○万円あれば生活できる」「家電はこの機能があればいい」「新幹線は普通車で十分」などちょうどいいレベルがわかれば、「もっともっと」とほしがる行動にストップがかかり、不安からも解放されます。

③損得や利益だけでなく、まわりのことも思いやる

自分が何かを手に入れるほど、人のお世話になっているということ。それなのに「自分さえよければいい」とまわりが見えなくなっている大人が多いものです。仕事で成功したときは、協力者にお礼をする、自分がぜいたくなものを食べるなら、ときには故郷の両親にも贈る……。まわりの困っている人、孤独な人にも目を向けながら、自分の欲を追求していきましょう。

みんながほしいものばかりほしがるのは、品のない行為です

頼りになって
モテる人

言われる前に動く

先日、引っ越しをしたとき、手伝ってくれたオトナ女子たちの動きがすばらしく、感動。こちらからは何も言っていないのに、お世話になった人に配る手ぬぐいを用意してくれた人、昼と夜のお弁当をつくってきてくれた人、新居ですぐ使う雑巾やトイレットペーパーを持参してくれた人、引っ越しで出たゴミをもち帰ってくれた人……。

言われる前に自分から率先して動いてくれる女性たちは、愛情にあふれていて、まさに痒《かゆ》いところに手が届く人たち。「これが必要だろうな」「あれが困るだろうな」と先回りして動いてくれるのです。そんなオトナ女子が身近にいると、とても心地よくて安心。

仕事ができる人も人間関係がうまくいく人も、「言われる前に動いてくれる人」でしょう。そんな〝気の利く人〟は、頼りがいがあって女性からも男性からもモテます。

「言われてから動く人」は、同じことをしていても天と地ほどの差があるのです。気が利

かないコドモ女子に対して、まわりは「自分のことしか考えていない」「やる気がない」「こちらに負担がかかる」とイライラしてしまう。言われる前に動くから、その行動は価値あるものになるのです。そんな**【言われる前に動く人になるための三つの方法】**は……。

１　相手の状況をよく観察する　まわりに目を向けていると、自然に自分がするべきことがわかってくるもの。たとえば仕事の進み具合を気にしている上司に「順調に進んでいます」と報告する。エレベーターに乗ってきた人に「何階ですか」と訊く。仕事の失敗で落ちこんでいる人にはあえて声をかけず、あとでコーヒーを差し出す。「自分が相手の立場だったら？」と考えるのも、的確な行動をするコツです。

２　先のことをシミュレーションしてみる　「コピーしておいて」と頼まれたとき、それを使う会議のことを考えて、まとめて留めておくのが気の利く女子。数人で旅行に行くときは、自分のことだけでなく、「みんなのお金をまとめる財布があるといいな」「飛行機内は乾燥するから飴玉を……」など先回りをしてみんなのことを考えるのが大人の行動。

３　早めに行動する　いつもギリギリの行動をしていると、他人のことを考える余裕がなくなります。早めに動けば、まわりを観察して考える余裕を生むのです。

積極的な行動をしていれば、その場所で大切にされるようになります

お金を使って
よかったもの

「見えないもの」にお金を使う

「形の残らないものにお金を払うなんて、もったいないと思うんです」

ある20代の女性がそう言っていたことがありました。彼女はお金が入るとすぐに、服やバッグ、靴など見えるものに換えるのだとか。「高級旅館に泊まるなんてバカみたい。彼氏が払うなら行ってもいいけど、自腹では泊まりませんね」とも言っていましたっけ。

見えるものは価値があり、見えないものは価値がないと思うのは、コドモ女子の考え。彼女たちは、自分を高めることが、どれだけのトクがあるかわかっていないのです。

たとえば、自分でお金を払って高級旅館に泊まれば、その価値をじっくり味わおうとします。高級旅館ならではのサービスを観察し、「どんなふうに振る舞えばいいのか」と学びます。「こんな旅館は20代の自分が泊まる場所ではない。たっぷりお金を稼いで、それなりの自分になってから泊まろう！」と思ったとしたら、その経験も自分を高めるための

〝財産〟になります。見えるものの価値はどんどん下がっていきますが、**スキル、知恵、経験など自分に〝投資〟をすることで、稼ぎ方、つき合う人、暮らす場所、時間の使い方などが変わり、自分のなかの能力や知性は、どんどん高まります。人生が劇的に変化する可能性もあります。**

私がいま振り返って、「これにお金を使ってよかった！」と思うのは、まず、着付けや写真撮影のスキルを身につけるためのお金。数十万円投資しても、仕事にすることであっという間に回収。小銭を稼げるようになるので、〝安心〟という財産も手に入ります。

それから、本。「そんな生き方もあるのか」「そんな考え方もあるのか」と自分のなかに想像力や問題解決のストックができる。だれかが何十年もかけて生み出した人生と知恵を、数千円でインプットできるのですから、その費用対効果は極めて高いといえます。

旅をすること、新しい経験をすること、人に会って学ぶことにも投資したほうがいい。私は旅をしているときに出版社の社長に出会って本を書くことになったのですから、お金を超越した人生の価値が生まれたことになります。

お金は自分を高め、人生を豊かにするために使うべきなのです。

自分のなかに蓄えたスキル、知恵、経験はなくなりません

人生で必要なこと

遊びを楽しむ

大人になっても、ちゃんと遊んでいますか？

「いい大人が遊んでいてはダメでしょう」「仕事や家族の世話に追われてなかなか遊べない」という人もいるかもしれませんが、大人だって、いい仕事をするため、家族と仲良くするためにも〝遊び〟は必要なのです。

遊びというのは、なんの義務もなく、なんの制約も損得もなく、ただ、やっていること自体が楽しくて、純粋に好きでやっていること。ワクワクしながら遊んでいるとき、私たちは自分を伸び伸びと解放していて、心地よい〝快感〟を味わっています。

どんなに仕事が辛くても、週末の遊びがあるからやっていけるという人もいるでしょう。大人には自分を喜ばせる時間が必要。好きなことを夢中でやっているときは、体も頭も心も活性化して、幸せ物質であるセロトニンが出ています。

私のまわりでも、さまざまな遊びをしているオトナ女子がいます。キャンプ、山登り、マラソン、ゴスペル、カメラ、映画、ハンドクラフト、温泉、水彩画、陶芸……。なかには「夫と一緒に家をつくって遊んでいる」「海外の不思議な寺や祭りを訪ねる不思議研究会をつくって遊んでいる」といった大掛かりな大人の遊びもあります。みんなと楽しむ遊び、一人で楽しむ遊び、どちらもあると、さらに人生の幅が広がるでしょう。

働く女性でも遊んでいる人、遊んでいない人では、心の余裕がまるで違う。**遊びを楽しんでいるオトナ女子は、日常も笑顔で生きているもの。粋でかっこよく見えます。**

仕事だけ、家事や育児だけの女性は、自分で自分を追い詰めてしまいがちです。

遊びは「肩の力を抜いて人生を楽しむ」という本来の自分に戻してくれるのです。

ただし、大人には、大人の遊びの流儀があります。楽しいからといってだらだら、際限なく遊び惚《ほう》けるのは、逆効果。時間やお金をほどほどに費やすこと。お酒を飲みすぎたり危険な恋愛をしたり、ゲーム、ギャンブルなど、自分を嫌いになるような遊びはしないこと。人に迷惑をかけないこと。この三つを守れたら、思いっきり遊びましょう。

子どものころに日が暮れるまで夢中になって遊んだ気持ちは、失われていないはずです。

☞**車のハンドルでも遊びがないと危険です。人生のハンドルも遊びが大事**

人生を豊かにする

型にはまらない恋愛を楽しむ

女性がこれほど自由に恋愛をし、自由に結婚できる時代はなかったでしょう。かつては結婚のほとんどがお見合いなどで、親や親戚によって決められていました。

しかし、自由になったからこそ、女性たちは、「どんな相手を選ぶか？」「どんな恋愛、結婚をするか？」「どうやって恋愛関係になるのか？」と戸惑っているように見えます。

婚活女子のなかには、「結婚に至らないようなムダな恋愛はしたくない！」「面倒くさい恋愛の駆け引きをすっとばして、いますぐ結婚したい」という人もいます。

恋愛の途上にいても「私たち、つき合ってるの？」「結婚するの？　しないの？　ハッキリして！」と何かの形がなければ安心できない女性もいるでしょう。女性の場合、出産のタイムリミットもあり、結婚に狙いを定めようとする気持ちもわかります。

でも、もっと広く恋愛をとらえたら、人生はもっと豊かになると思いませんか？

そもそも、恋愛って型にはめてするものではなく、「なぜかときめいてしまった」「いつの間にか好きになっていた」という自然にわいてくる感情。カフェのお兄さんの笑顔にキュンとしたり、仕事のできる上司に憧れを抱いたり、再会した同級生が急に素敵に見えてドキドキしたり。オトナ女子はそんなさまざまな〝ときめき〟を楽しみたいもの。

いきなり恋愛や結婚に結びつけるのではなく、そんな男女間のちょっとした恋の戯《たわむ》れを欧米では「フラート」というとか。男性が女性をほめたり、ふとした場面で手を貸したり、それに対して女性が「ありがとう」と微笑みかけたり、お互いに少しずつ距離を縮めたり……と、ちいさなときめきは意外と身近にあるはず。心で思うのは自由。夫や恋人がいても、ドキドキ、ワクワクすることはあるでしょう。**あえて白黒はっきりさせず、友だち以上恋人未満のグレーゾーンの心地よい関係を楽しむのもありかもしれません。**

さまざまな恋愛を受け入れるには、相手にもたれかからず、自分で凜と立とうとする大人の精神が必要です。そして、どんな結果になっても「自分で選んだことだから、まったく問題ありません」と責任をとる覚悟も。逆にいうと、責任さえとれば、どんな恋愛でも楽しめるということ。大いに恋をして、大いに魅力的な女性になろうではありませんか。

☞女というものは、死ぬまでときめきが必要なのです

浮かれすぎず、嘆きすぎない

再ブレイクしたある歌手に、「売れなかったときは、落ちこみませんでしたか?」と訊いた人がいました。その歌手は大笑いをして、こう答えていました。

「いいえ、全然。普通にやっていれば、そのうち、いいときもくるって思ってましたから」

おそらく強がりではない、屈託のない様子を見て、心から大人だと思ったのです。

私も、幼いころから調子がいいときは「待てよ」と慎重になり、調子が悪いときは「なんとかなるでしょう」と楽観的に考えるクセがありました。だから、どんな状況になっても、わりとご機嫌に、淡々と生きてこられたような気がします。

ときどき、失恋をして、まるでこの世の終わりのように嘆き悲しみ、何年も引きずっている人がいますが、それは悲しみすぎというもの。辛いのはわかりますが、人間、何かの希望を見つけて生きていける。どんなに辛いことがあっても、笑える日はくるのです。

大人というものは、**「人生、いいことばかりも続かないし、悪いことばかりも続かない」**ことを前提に生きています。「幸せは思いっきり喜んだらいいじゃないの」という考えもあるでしょう。もちろん、喜んでもいい。が、しかし、いいことがあれば、浮かれやすく、足をすくわれやすい。努力をしなくなる。人の気持ちも考えられなくなり、憎まれやすくなる……という危険性も出てきます。悲観ではなく、「そうなる可能性もあるから注意しよう」ということです。

逆に一見、悪いことがあったとしても、いろいろと学ぶことがあった。大切にすべき人がわかった。幸せをより実感できるようになったなど、プラスになることもあります。オトナ女子は物事を俯瞰《ふかん》的に見ようとします。一面的に物事を見るのは、ひとりよがりなコドモ女子の視点です。

「おーおー、がんばっているなぁ」と雲の上から自分を見るように、長い時間、広い世界での、いまの自分をとらえてみるといいでしょう。肯定でも否定でもなく、まっすぐに見つめて「なるほど。私っていまこんな状態なんだ」「こうすればもっとよくなるはず」と試行錯誤しているとき、私たちは「成長している」といえるのだと思うのです。

俯瞰するということは、感情的にならず、理性的になるということです

余裕がないのは
危険です

余力を残しておく

「全力でやります！」とはよく聞く言葉ですが、オトナ女子は口ではそう言っても、「80％ぐらいにして余力を残しておこう」という気持ちで行動したいものです。

著名な作家のほとんどは、毎日、大体、同じ文字量を書くといいます。気分がのらなくても、なんとかその量は書く。「もう少し書けそうだ」と思っても、欲を出して続きを書くのではなく、それ以上は書かない。「少しもの足りない」と感じたらしめたもので、その〝余力〟が翌日のやる気につながっていくのです。

仕事も趣味もそう。限界までがんばると、へとへとになって、次はやる気がしません。何事も「もう少しできるんだけれど」という状態で終わるのが、続けるコツです。

私たちは、ついつい全力疾走してしまう傾向があるのではないでしょうか。

たとえば会社から求められるまま、毎日、限界までがんばってしまう。そして、ある日

突然、「もうムリです。辞めます」と散っていった女子たちがどれだけいたことか……。家事と育児を完ぺきにやろうとがんばりすぎて、イライラしている女性も多いようです。

仕事も、人生も、家庭も長期戦。体力、気力、気持ち、時間、お金、人間関係……すべてに余力を残して走る人が、最終的にはうまくいくのではないでしょうか。

余力を残すのは、続けるためだけではありません。**気持ちの余裕がなくなると、感情的になり、短絡的な行動をとってしまう。**他人のことに気が回らず、思いやりがなくなってしまいます。まわりにとって、頼りがいのある自分であるためにも、ここぞというときに力を発揮するためにも、余力を残しておいたほうがいいのです。

また、余力を残すためには、「全力でやっているフリ」をするテクニックも必要。仕事は、余力があればどんどん増えていくという性質をもっています。「これ以上やるとしんどくなる」という線を知っておき、きっぱり止める勇気も大事でしょう。

余裕がなくなるときは、「何か手放したら？」というサイン。不必要なことに時間やお金をかけていたり、余計な仕事をやっているかもしれません。捨てること、人にお願いすること、整理すること……ギリギリ状態を回避するために手放してしまいましょう。

頼りになる存在でいたいなら、「つねに余力を残すこと」を心がける

実現する近道

やりたいことは、いまやる

もう20年ほど前のこと、尊敬する60代の写真家が地方のイベントにいらっしゃるというので、会いに行ったことがあります。写真家だけの枠にとどまらず、テレビのコメンテーター、映画撮影など幅広く活躍しているその写真家はこんなことを言いました。

「この年齢になると、先が短いから、やりたいことはいますぐにやらなきゃって思う」

それを聞いて、私も「やりたいことはすぐやろう」と決めたのでした。30代には30代の、60代には60代の「やりたいこと」があるはずだと思ったからです。

「仕事が落ち着いたら、これをやろう」「お金が貯まったら、あれをしよう」と考えていることは、たぶん一生やらないでしょう。「仕事を定年で辞めたら世界旅行をしよう」と思う人は多いものですが、そのときは体力がないかもしれません。もしかしたら病気になっていたり、家庭の事情で行けなかったりする可能性もあります。

これまでの、10代までは学び、20～50代は働き、60代以降はゆっくり休むというライフパターンも崩壊して、現代はできるところまで働く時代。一生を通して、学び、働き、休み、遊び……と、同時進行でやっていく必要があるのです。だから、どんなことでもやりたいことは〝いますぐ〟やったほうがいい。それが、実現するいちばんの近道です。いまやりたいことは情熱があって、それをサポートしてくれる人や情報やアイデアが集まってきます。努力などしなくても、やりたくてやっているのですから勢いよく叶います。

やりたいことを先延ばしにするのは、結局、やるのが面倒なのでしょう。「いまは我慢しなきゃいけない」「それはぜいたくなことだ」とやらないことへの言い訳をしている自分にかける効果的な言葉は、**「いまやらなかったら、もっと面倒なことになるよ」**です。

やりたいことであっても、やるべきことであっても、先送りするほど、労力も時間も数倍になるのです。

やりたいことをやって「すごく楽しかった」と思うこともあれば、「それほど楽しくなかった」と思うこともあります。それでも、やれば気が済みます。やったことの結果ではなく、やりたいことに向かって夢中で走ること自体が、生きる喜びなのかもしれません。

やりたいと思っている人にとって、努力はもはや努力ではありません

第八章

生き方

幸せな

オトナ女子

流されて生きない

自分の人生のハンドルを握る

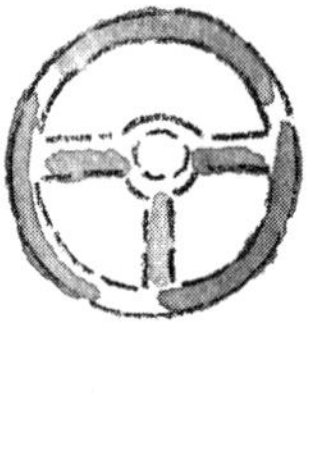

あなたには、こんな経験がないでしょうか？

そこそこ条件のいいところに就職。順調に働いてきたものの、「あれ？　私ってこんなことがやりたいんだっけ？」とふと思うこと。深夜まで残業をする日々が続いて、「会社のために、ずいぶんプライベートを犠牲にしてきたなぁ」と振り返ること……。

もし、そうだとしたら、自分の人生のハンドルを何かにあずけているということ。

じつは、かつての私がそうでした。なんとなく流されて生きていたために、「自分が何をしたいのか？」「何が幸せと感じるのか？」、すっかり見失っていました。

そして、日々のうまくいかないことを「世の中が不況だから」「あの人がそう言ったから」と何かのせいにして、つねに不自由さを感じていました。

しかし、本当にどん底状態になって、「これからの人生、だれがなんと言おうと、好きなように生きてやる！」と物書きになることを決意。それから、人生が180度変わるほど毎日が楽しくなり、不思議と物事がうまくいくようになりました。

人生のハンドルはつねに自分で握っていることを〝意識する〟ようになったからです。だれかにハンドルをあずけている（＝何かのせいにしている）以上、すべて自分の手に負えない問題。**「自分はどこにでも行けるし、人生は自分次第でなんとでもなるのだ」と思えば、無限の選択肢のなかから、自分にとってのベストな道を探すようになります。**

道に迷うことは数え切れないほどありますが、そこには圧倒的な自由があります。

会社に縛られているから、家族がいるから不自由ということではありません。「自分で選んでいるのだ」と〝意識〟すれば、だれでも自由。嫌ならやめればいいことです。

オトナ女子は選択する〝自由〟と、それについてくる〝責任〟を抱えて生きています。

お母さんや先生の顔色をうかがいながら、行動を決めていた子どもではないはずです。

行きたい場所、会いたい人、休日の過ごし方……何かを決めるとき、まわりに流されず、「本当はどうしたいの？」と自分に問い続けてください。そして、どんな選択をしても「何かのせいにしない」と決めてください。それが大人の人生の第一歩です。

大人はつねに自由であることに気づく

幸せになる近道

感謝するから幸せになれる

〝感謝〟というと、あまりにもあたりまえのようですが、すべての人間にとって普遍的に大事なことです。心に重きを置く著名な経営者や、表彰台にのぼるオリンピックなどの選手たちは、つねにまわりの人への感謝、そこに至った幸運への感謝を口にします。感謝する心がさらなる幸運を呼び、物事が明るく開かれていくのです。

「ありがとう」とつぶやくと幸せな気持ちになるのは、だれもが実感することでしょう。

オトナ女子は、幸せだから感謝するのではなく、感謝するから幸せになるのです。

どれだけお金をもっていても、人がうらやむ仕事や結婚をしていても、感謝する気持ちがなくて不満ばかりを口にしているなら、その人は幸せとはいえないでしょう。

オトナ女子は、何かあったときだけ感謝するのではありません。**心が壊れそうなとき、ピンチのときこそ感謝しましょう。**

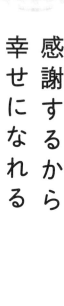

かつて深刻な病気になった友人が笑顔でこう言ったことがありました。

「病気になって初めて、本当に大切にすべきことがわかった。大切にしたい人、大切にしたい時間、大切にしたいもの……。病気にならなかったら、どうでもいいことに思い悩んでいたんだから、病気になったことに感謝ね」

どんなに苦しい境遇にいても、感謝するものに焦点を合わせれば、恐れ、悲しみ、不安、後悔、傲慢といったネガティブな感情は溶けてなくなり、代わりに喜び、幸せ、希望、愛情、謙虚といったポジティブな感情が生まれます。

私もやりたくないことをしなければいけないとき、人との関係がギクシャクしたとき、プレッシャーに押しつぶされそうなときなど、心がネガティブな感情に支配されそうになったら、「ありがとう」とつぶやきます。すると、自分のためになっていること、恵まれていることなど、ポジティブなことが心にすーっと入ってきて、心がおだやかになります。

感謝することで、心をきれいにして、生きるエネルギーを取り戻せるのです。いつも「あぁ、ありがたい」と感謝していれば、不幸になることはありえないのです。

生きていることに感謝するだけで、世界は美しく見えてくるはずです。

すばらしい人生を送ろうと思ったら、感謝を繰り返すことです

信念を貫く

田舎で暮らす知人の娘Tさんは、子どものころから「いつか外国に行って勉強したい！」が口グセでした。高校時代は英語を熱心に学び、英語スピーチコンテストなどでスキルを磨いたものの、経済的な理由からいったん都会で就職。留学費用を捻出するために働いていたそうですが、何年かかっても目標額には到達せず……。だれもがそのうち、あきらめるだろうと思っていたら、数年後、難関であるカナダの大学に合格、奨学金も獲得したのでした。母親である知人は、「自分の信念を貫いたんだから、応援するしかないよね」とあきらめたように言いつつ、どこか誇らしそう。

信念を貫いているオトナ女子は、芯があってかっこよく見えます。何かを成し遂げている人はみんな、自分の信念をあきらめずに貫いてきた人たち。大人は「これだけは譲れない！」「絶対に曲げたくない！」というものをもっておかないと、まわりに流されて、自

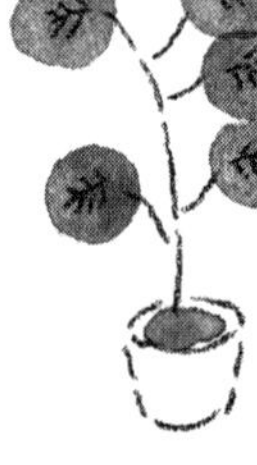

分をどんどんなくしていきます。柔軟であることは大切ですが、信念がしっかりしていないコドモ女子は、反対や逆境にぶつかったら、すぐにくじけてしまう。意見をコロコロ変えて自信なさそうに見えるのは、自分のことを信じられないからでしょう。

信念には夢や目標だけではなく、「反対されても結婚する」「困難があっても教育方針を貫く」といった生き方、「人を裏切らない」「後悔はしない」などの信条もあります。

ここでは、【信念を貫く女性になるための二つの方法】をご紹介します。

1　理解してもらうことを期待しない

人と違うこと、新しいことは反対されること必至。ですが、自分の幸せに責任をもってくれる人は自分以外にいません。「理解されなくてもいい。それでもやる」と突き進む覚悟をもちましょう。ブレない芯をもっている人は、言っていることとやっていることに一貫性があり、最終的には応援されるようになります。

2　逆境に遭ったら本気度を試されていると考える

反対やうまくいかないときは、自分の人生に「あなたがほしいのはこれだよね？　〝本気〟を見せて」と試されているとき。すぐにやめてしまうようでは、それだけのこと。本気を証明できたら、自分で自分のことを信頼できるようになります。それが「信念を貫くこと」の本当の意味なのです。

芯の強い女性は「なりたい自分」「成し遂げたいこと」から逃げない

好きなことを
長く続ける

だれにも負けないものを一つもつ

自分の人生を胸を張って生きていくためには、「だれにも負けないものを一つもつこと」です。もちろん、人間は何ももっていなくても、能力がなくても、十分価値があります。でも、それと、自分の人生で「何も挑戦してこなかった」というのは別の話。

いくつになっても「私、何もできることがなくて……」というコドモ女子がいます。「何もできない」と宣言するのはラクなもの。自分を〝お子さま〟のように設定することで、何もしないことに甘んじて、他人に頼りながら生きていけるんですから。

世の中に対してできることがあるのに、やろうとしないのはもったいないことです。「だれにも負けないものを一つもつ」ということは、難しいようで、だれにでもできることです。たとえば、会社のなかで、ウェブサイトをつくれる人がいなかったら、勉強してみる。すると、まわりに重宝されるようになり、自分の居場所ができていきます。

温泉が好きだったら、県内の温泉を制覇してみる。温泉ソムリエの資格をとってみる。温泉ブログを書いてみる。すると、知らない人からも一目置かれて、温泉のことを尋ねられたり、執筆依頼がきたりするかもしれません。「広く浅く、適当にできる」という人は必要とされませんが、一つのことを極めているオトナ女子には、人が集まってくるものです。「得意分野に磨きをかける」「人がしない経験をする」「人が知らない知識をもつ」でもなんでもいい。**「これだけはだれにも負けない」と思えるものをもつと、人をうらやんだり、自分を卑下したりするネガティブな感情がなくなって、生きるのがラクになってきます。**

そのためには、好きなことをしたほうがいい。長く続けることが才能になりますから。

もう一つ、年齢を重ねたら、三つの得意分野をもつことをおすすめします。三つの得意分野を掛け合わせたら、たいへんレアな存在になれます。

たとえば、「看護師である」×「ピアノが弾ける」×「昭和歌謡に詳しい」という人は、病院や老人ホームで、昭和の歌を伴奏するボランティアができるかもしれません。「自分しかできないこと」はかならずあります。それを見つけていくのが、成熟した大人の喜びではないでしょうか。

三つの得意分野をもつことで、超レアな存在になれます

幸せを感じられないとき

大切なもの以外は、すっぱり手放す

そもそも人間というのは、本質的に〝ないものねだり〟をしてしまうものです。

自分でバリバリ稼いでいながら「私もセレブな奥様になりたかったわー」と嘆き、稼ぎのいい男性と結婚していながら、「私も働いていたら、いまごろは……」と不満になる。やさしい夫も、ほしかった子どももいて、「自分の服を自由に買える人はいいわね〜」と他人をうらやんでしまう……。つまり、となりの芝生はいつも青く見えるものですが、となりからはこちらの芝生が青く見えているのです。

大人は、それぞれにいろんな人生があって、いろんな悩みを抱えていることを知っています。となりの芝生にも、枯れたところや、禿《は》げたところがあるとわかっています。

そして、大人は、〝自分にないもの〟をただうらやましがるのではなく、〝自分にあるもの〟〝自分がほしいもの〟を確認しながら進んでいきます。

もし、いま「幸せを感じられない」「つい他人をうらやましいと思ってしまう」という気持ちがあるなら、**ひとまず立ち止まって、「私は、本当は何がほしいのだろう」と自分自身と対話すること。**

得たいものがハッキリしていれば、他人がもっているものには目を奪われなくなります。優先順位の低いものはあっさりと手放せるようになります。あとは「ほしいものを手に入れるには？」と方法を考えて突き進んでいくだけです。

たとえば「どうしても結婚して子どもがほしい」と思ったら、積極的に婚活をしたり、人と出逢える場所に出かけていったりしましょう。「たくさんお金を稼ぎたい」と思うなら、自分の理想の暮らしをしている人に、その方法を聞きにいきましょう。「そこまではしたくない」というプライドを捨てて進めば、たいていの思いは叶います。

聖書には「求めよ。さらば与えられん」という言葉がありますが、人生は心の底から求めたものが与えられるようになっています。

求めるだけではなく、自分から動くことが大事。オトナ女子は、白馬に乗った王子様が現れるのを指をくわえて待ってはいないのです。

自分のほしいものを、自ら動いて手にすることが人生の醍醐《だいご》味《み》です

要領よく
乗り越える

生きる〝知恵〟をつける

かつて毎日のようにラジオで聴いていた女性アナウンサーTさんにお会いする機会がありました。白血病になって壮絶な闘病生活を送っていたとのことでしたが、美声は数十年前と変わらず。「声がお若いですね！」と言うと、Tさんは笑ってこう答えたのでした。

「声質を維持するのって、病気をすると結構たいへんなんですよ」

「そうですよね。アナウンサーならではの努力があるんですよね」

「努力というより、〝知恵〟かな。ダメなら、なんとか方法を見つけ出すというか……」

この「努力ではなくて知恵」という言葉がかっこよくて、グッときたのです。自分の人生に起きた出来事に対して、肩の力を抜いて、やわらかく対処しているように見えて。

どんなに慎重に生きていても、人生にはピンチがやってくるもの。病気、老い、人間関係、仕事、お金……。それらを慌てず、騒がず、冷静に「何か方法があるはず」と解決す

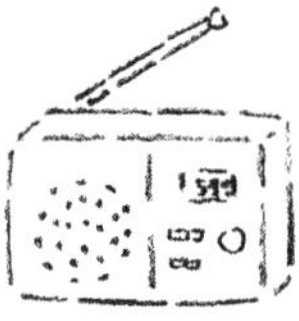

る知恵を見つけようとするのは、なんというオトナ女子の振る舞いでしょう。

私たちは何か問題があると、「努力すれば乗り越えられる」「辛抱すればいい」と考えがちです。たとえば苦手な人がいたら、相手と仲良くする努力をしたり、嫌なことを言われても辛抱したりすることを考えます。でも、要領よく乗り越える知恵があるはずなのです。「要領がいい」というのは、ずる賢いということではなく、巧みに立ち回る術《すべ》を心得ているということ。場合によっては「逃げる」という知恵もあるかもしれません。

そんな【生きる〝知恵〟をつけるための方法】は次の三つです。

❶　先人たちの知恵を拝借する　生き方や生活の基本的な知恵はほとんど、先人たちが教訓を残しているもの。「こんなときはこうすればいい」「こんなことをしたらこうなる」と歴史が証明するもの、本に書かれているものもあります。

❷　まわりの人に聞く　経験者や信頼できる人に「どうしたらいい？」と訊く方法もあり。昨今はＳＮＳなどで「その手があったか！」と思いもよらない解決策が見つかることも。

❸　経験を通して身につける　いちばん知恵がつくのは、自分であれこれ試してみること。手足を動かして体得したものは、これからの人生で応用しながら役立っていくのです。

☞「要領がいい」とは、「知恵が働く」ということです

年をとるほど
やりたいことを

年齢の呪縛から解放される

半世紀を生きてきた同級生には、孫がいる人もいれば、まだ子どもがちいさい人もいる。何度か結婚、離婚を繰り返している人、ずっと独身で恋愛をしてきた人……と、生き方はさまざま。かつての、20代で結婚、出産をして60代以降は老後の生活を送り、一人の男性と添い遂げるという基本パターンは、どんどん当てはまる人が減っているでしょう。

私も「20代のうちに結婚相手を見つけなきゃ」「30歳を過ぎるまでに就職しなきゃ」と年齢の呪縛にとらわれたことがありましたが、そのときの自分に言いたい。「この先はまだ長くて、恋愛も仕事もいろいろするから、いまの状況を楽しんだら？」と。

私は「やりたいことは、やりたいときにやるのだ！」と〝年齢〟と〝まわりの目〟の呪縛に解放されてから、生きることが楽しくてたまらなくなりました。

38歳のとき、「東京で挑戦してみよう」と鹿児島から一人で上京するときは、まわりは

「もういい年なんだから落ち着いたほうがいい」という声がほとんど。でも、十年も経てば、やりたかったことが形になってくる。なんにもしなくても50代になっていたことを考えれば、「あのときに一歩を踏み出してよかった」とつくづく思うのです。

何かを始めるのに遅いということはなく、「やりたい！」と思ったときがベストタイミング。私のまわりでも、50代でアメリカの大学院で心理学を学んで、60代でカウンセラーになった人、60歳から華道を習い始めて70歳で教えるようになった人もいます。最近、素敵だと思ったのは、ユニークな自撮り写真をインスタにアップして話題になっている90歳の女性写真家。72歳から写真を始めて、82歳で初個展を開いたとか。

年をとるほど、新しいことを始める姿はかっこよく見えます。「もう年だから」と年齢を言い訳にしない生き方をしているオトナ女子がいるという事実は、私たちを励ましてくれます。彼女たちは生きたいように生きているので、いつも夢中で楽しそう。だから〝いい顔〟をしていて明るく輝いて見える……。生きざまは顔ににじみ出るのです。

恋愛や仕事、趣味、スポーツ……やりたいことはなんでもやってしまいましょう。これからの人生で今日がいちばん若い日。やりたいことをやる時間は残されているのです。

いい年のとり方をする人の条件。年齢を言い訳にしないこと

逃げると余計辛くなる

楽しくない状況を、楽しむ

恋愛遍歴で話題になることの多い昭和の作家、宇野千代さんのお話です。愛人のもとに行くという夫に対して、宇野千代さんは「本人がそうしたがっているのなら、止めてはいけない。では、どうしたら、自分の辛さを少なくできるのか？」と考えます。そして、出ていくのを邪魔するのではなく、出ていくのを進んで手伝うことにするのです。すると、悲しいからではなく、「長い間、一緒に暮らしたなぁ」という感慨の涙になるのだとか。

宇野さんは、相手を追いかけないことを「恋愛の武士道」といい、失恋をするといつも、いくらか泣いたあと、いちばん好きな着物で街に出て、新しい恋を見つけるのです。

「どんなに好ましくないことがらでも、逃げるのは負けです。真に逃れるためにはその只《ただ》中《なか》へ進んでいくこと」という宇野千代さんの言葉を、私はしんどいことがあるたびに思い出してきました。たとえば、貧乏を楽しむ、病気を面白がる、失恋を新しい恋の始まりと

考える……というように。強がりかもしれません。でも、どんなことも「あら。それも結構じゃありませんか」と歓迎して動いていると、不思議と笑い話にできるほど気持ちも切り替わってくるのです。『そんなの嫌！』と逃げ回っているのは、コドモ女子の行動。オトナ女子はときに、「覚悟を決めて、腹をくくる」ということが必要なのです。

日常には、楽しくないことがたくさんあります。気がのらない仕事をすること、先延ばしにしていた片づけをすること、苦手な人に連絡をすること……。そんなときも、「ちょっとでもやろう」「丁寧にやってみよう」と一歩を踏み出してしまうと、気がラクになるもの。逃げ腰になっているから、深刻に考えて、苦しみから逃れられないのです。

楽しくない状況を切り抜けるヒケツは、その状況に自ら飛びこんでいくこと。

私はよく目の前のことを「どうしたら楽しめるのか？」と考えています。

それから、「こうなったらうれしいだろうな」という〝希望〟を見つけること。

そして、さもやりたいことをするかのように、いそいそとやり始めると、本当に楽しいことをしている気分になってくるもの。「一歩、足を踏み出すと、すべての行動が愉しい」という宇野千代さんの言葉は人間の真理をついていると思うのです。

自分から飛びこんでいくことによって、苦しみは和らぎます

だれでもできる
三つのテクニック

ユーモアで乗り切る

女優やスポーツ選手などが、インタビューできつい質問にもユーモアで切り返しているのを見ると、「大人だなぁ」と感じます。私たちの身近にも、そんなユーモアをもったオトナ女子がいるはずです。仕事や家庭でしんどい状態のとき、ギスギスした人間関係があるときなど、ふと面白おかしいことを言って笑い飛ばす女性には、場を和ませてくれるだけでなく、寛大さ、気配り、遊び心、温かさ、愛情などが感じられます。

ニーチェは「人間のみがこの世で苦しんでいるので、笑いを発明せざるを得なかった」といっていますが、ユーモアは、楽しいときだけでなく、しんどいとき、混とんとしたときほど、威力を発揮し、その場を乗り切れるもの。人が明るく生きていくスキルなのです。

「そうはいっても、冗談を言うのは苦手」という人もいるでしょう。私も、どちらかというと、そう。大勢の人を笑いにもっていけるような高度な話術はありません。

そんな方に、おすすめしたいのは、**【だれでもできるユーモアの三つのテクニック】**。

① 会話の内容を大げさに表現してみる　極端に誇張すればするほど笑いを誘いやすくなります。たとえば、仕事をさらに頼まれそうになったとき、「力尽きて瀕《ひん》死《し》の状態です」、ボーナスの金額を訊かれたとき、「5億円」など（古典的なジョークですが）。言いづらいことを言わなければいけない場面でも重宝します。

② 違う何かにたとえてみる　意外なものにたとえるほど、笑えます。たとえば、会話で話が飛んだとき、「いま、日本からブラジルくらいまで話が飛んだけれど」、ボーッとして話がのみこめていない後輩に、「寝起きのパンダかと思ったわよ」というように。「〜かと思った」というフレーズは、面白くて、愛情ある表現が基本。相手の欠点をネタにしたり、下ネタなどを絡めるのは、コドモ女子の下品なジョークです。

③ 楽しい言葉の調子にする　オトナ女子なら、貴婦人ふうに「ごきげんよう」「なんですって」「〜なさって」など楽しい語調にするだけでも、場が和むはずです。

ユーモアというのは、「他人を楽しませよう、笑わせよう」と気負ってすると、たいてい、スベります。まずは、自分を楽しませるために気楽に口にしてください。

ユーモアは他人を楽しませるより、自分を楽しませるためのもの

過去を肯定する

どんなことも後悔しない

「なんであんなバカなことをしてしまったのか」ということの一つや二つ、だれにでもあるのではないでしょうか。もちろん、私にもあります。幼稚で無謀な恋愛をしたこと、お金を大損したこと、仕事で大失敗したこと……振り返ると、穴があったら入りたい。

でも、私は「あんなバカなこと、しなければよかった」とは思わないのです。

〝あんなバカなこと〟には、どうしようもなく魅惑的な喜びや快感があったのですから。

再び人生をやり直しても、あのときの自分なら、まったく同じことをするでしょう。

バカなことができるのは若さゆえでもあります。〝未熟〟というのではなく、後先を考えずに突き進んでしまうほどの勢いは、〝夢中〟で〝幸せ〟だったということ。

だから、私はいつも「あれはあれでよかった」と思うのです。バカなことをしたからこそ、その先にたくさんの喜びも学びもあり、いまの自分があるわけですし。

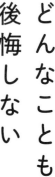

そんなふうに過去を「あれでよかったのだ」と肯定していると、どんなにキツい出来事があっても、あっという間に忘れてしまうのです。

しかしながら、昔はしつこく「あの男のせいでひどい目に遭った」「すごく辛かったからトラウマになった」「こうすればよかった」などと後悔を口にするクセがありました。そのことに対して心を残していたから何度も反芻《はんすう》していたのでしょう。

後悔しないためには、「後悔しないように生きること」も大事ですが、**それより「どんな人生でも後悔しないこと」が大事。**「あちゃー」と後悔しそうになったら、すかさず「これはこれでよかった」とつぶやきましょう。女の記憶は都合よく書き換えるもの。「ああすればよかった」と後悔している人は、後悔したくて、わざわざ自分が苦しむための材料を記憶のなかから探し出しているのです。「これでよかった」と思えば、よかったこと、学んだこと、幸せだったことなど得たものがたくさんあることに気づきます。

単純なことですが、適当に忙しく過ごすことも後悔しないヒケツ。暇にしていると、「あのときは……」とクヨクヨしてロクなことを考えませんから。オトナ女子は自分を傷つけないために、心をおだやかにする術を知っているのです。

☞女の記憶は、都合よく書き換えるものです

自分にできることは？

〝社会〟のなかに生きがいをもつ

ある世論調査によると、20歳以上の女性で「生きがい」をもっている人は75％。生きがいの内容は、「家族やペットのこと（一緒に過ごす時間、子どもの成長など）」が56・8％ともっとも多く、次いで「趣味・レジャー」「友人など家族以外の人との交流」「仕事・学業」「自分自身の健康づくり」。「社会活動」は男女ともに約1割なのだとか。

つまり、女性は家族や友人とのつながりや、自分の趣味のなかに「生きがい」を見出しているということでしょう。もちろん、それでいいのですが、ぜひ「社会のために貢献する」という生きがいも、オトナ女子として少しでも意識して準備してほしいのです。

なぜなら、**自分の身近な人間関係だけでなく、もっと多くの社会の人の幸せに関わることができたら、人生はもっと豊かになる**のですから。自分の興味の対象を半径5メートル以内の人から、社会の人にも広げるだけで、世界はまったく違って見えてきます。ちいさなことでクヨクヨすることも少なくなるはずです。

生きがいとは、「生きるに値するだけの価値。生きていることの喜びや幸福感」のこと。いまやっている仕事が人から「ありがとう」と感謝されたり、間接的にでも社会の人に役立っていると実感できたりするならいいでしょう。

でも、「仕事は生きがいとはいえない」という人が多いもの。そんなときは、社会のために「何か自分にできることはない？」と考え続けてみてください。子育てをしてきた人なら、働くママのベビーシッターをすること、料理ができる人なら、週末に外国人のホストファミリーになって料理を振る舞うこと、得意なこと、もっている知識を人に教えること……いくらでもやれることはあります。

私たちはいつかかならず、自分自身に対して「この世界のために、何をやってきたのか？　何を残していけるのか？」と問うときが来るのです。

人間なんて、自分のためじゃないことのほうががんばれるもの。「生きがい」をもつことが、毎日の生活を支え、自分を成長させてくれます。

自分の命をだれかのために使う……これこそ人間の本能的な幸せではないでしょうか。

生きがいは、心の健康を引き寄せる「薬」です

私にはムリと思わない

思い描く

人生は思った通りになる。

人生は思い通りにはならない。

あなたはどちらだと思いますか？

「大人は、人生が思い通りにはならないことを知っている」、そう思うかもしれません。

しかし、私の知るすばらしきオトナ女子たちは、仕事や暮らし方など「そんなことができちゃうの？」ということをさらりとやってのけたり、自分の欲しいものをちゃんと手に入れたりと、「人生は思った通りになる」を実現しているのです。

彼女たちは「思いが強い」だけでなく、「やり方がわかれば、なんとかなる」ということを知っている聡明な女性たちなのです。

対して、「自分の会社をつくりたい」「留学したい」「結婚したい」と夢を語るばかりでずっと実現しない人がいるのは、心の奥にこんな思いがあるからではないでしょうか。

「でも、私にはムリだろうな」

ムリだと思ったら、どんなこともムリ。自分が不幸になるのではないかと怖がって、不幸な自分を想像していたら、本当にそうなってしまうのです。

自分の思いをあっさりと叶えてしまう人は、「当然、そうなる」と設定して動いています。朝起きて、決めていた服を着るのを「私にはムリ」と思う人はいないでしょう。あたりまえのこととして、さくっと着るはずです。会社に行って「まさか私がこんな色の服を着ているなんて！」という状態になることはありえません。

私たちは、無意識に自分の生活や人生の〝ストーリー〟をつくり、いつもそれに沿って動いています。


もちろん、オトナ女子は、人生にはうまくいかないことがあるのはあたりまえだと知っています。人間とは弱い部分もあり、流されやすいことも知っています。

だからこそ、しっかりと思い描くことが大切であり、試行錯誤しながら進んでいく。難しいことほど達成したときの喜びが大きいことも知っているのです。

簡単に手に入れられるものなんて、大した価値はありませんから。

「人生は思い通りにはならない」とすぐにあきらめるのが大人ではありません。「人生は思った通りになる」ということをよく理解していて、そのためにやるべきことをやるのが真のオトナ女子なのです。

あなたが自分の思いを実現したいと思うなら、まず、「10年後、こうなったら最高！」ということを具体的に映画のワンシーンのように思い描いてください。人間、可能性がまったくないことを、真剣に思うことはしません。10年を一区切りにすれば、リアルに大きなことができるのです。

そして、当然そうなるのだと設定して動き始めましょう。

たとえば、「10年後、素敵な女性社長になる」と思い描いたら、そのイメージした映像に近づくよう、あなたの外見も内面も、ふさわしい行動をとるようになります。「このまま適当に暮らしていくんだろうな」と思っていたときとは、自然に言葉遣いも、話す内容も、着る服も、読む本も、つき合う人や、家での過ごし方も違ってくるでしょう。

思い描くことは、じつは達成することが目的でなく、そんな〝いまの自分〟をつくり出すことが本当の目的なのです。

あなたを主人公にした10年間が、ハッピーエンドになるドラマをつくってください。

主人公は、起こりもしないことをむやみに怖がらず、愛情と知性をもって笑顔で進んでいくオトナ女子に設定してください。

大人になるほど思い描いた通りの人生が実現することを、あなたは実感するはずです。


あなたには、あなたが思っている以上の力が備わっています

〈著者略歴〉
有川真由美（ありかわ　まゆみ）
鹿児島県姶良《あいら》市出身。台湾国立高雄第一科技大学修士課程修了。作家・写真家。化粧品会社事務、塾講師、科学館コンパニオン、衣料品店店長、着物着付け講師、ブライダルコーディネーター、新聞社編集者など多くの転職経験を生かし、働く女性のアドバイザー的存在として書籍や雑誌などで執筆。
著書に、ベストセラーとなった『感情の整理ができる女《ひと》は、うまくいく』『30歳から伸びる女《ひと》、30歳で止まる女《ひと》』（以上、ＰＨＰ研究所）や、『遠回りがいちばん遠くまで行ける』（幻冬舎）、『「時間がない」を捨てなさい——死ぬときに後悔しない８つの習慣』（きずな出版）等がある。

「また会いたい」と言われるオトナ女子がしていること

2019年３月29日　第１版第１刷発行

著　　者　有　川　真　由　美
発 行 者　後　藤　淳　一
発 行 所　株式会社ＰＨＰ研究所
東京本部　〒135-8137　江東区豊洲5-6-52
第二制作部ビジネス出版課　☎03-3520-9619（編集）
普及部　☎03-3520-9630（販売）
京都本部　〒601-8411　京都市南区西九条北ノ内町11
PHP INTERFACE　https://www.php.co.jp/

制作協力
組　　版　株式会社PHPエディターズ・グループ
印 刷 所
製 本 所　凸版印刷株式会社

ISBN978-4-569-84261-5

PHPの本

女子が毎日トクをする人間関係のキホン

有川真由美　著

うまくいく秘訣は、戦わないこと！　怒りやトラブルに時間を使うのはソン！　「友達になりたい」と思われる人の習慣を徹底紹介。

定価　本体一、三〇〇円（税別）